L'INTERPRÉTATION DU DROIT PÉNAL AU CANADA ET EN FRANCE

Logiques Juridiques

Fondée par Gérard Marcou
Dirigée par Jean-Claude Némery et Thomas Perroud

Le droit n'est pas seulement un savoir, il est d'abord un ensemble de rapports et pratiques que l'on rencontre dans presque toutes les formes de sociétés. C'est pourquoi il a toujours donné lieu à la fois à une littérature de juristes professionnels, produisant le savoir juridique, et à une littérature sur le droit, produite par des philosophes, des sociologues ou des économistes notamment.

Parce que le domaine du droit s'étend sans cesse et rend de plus en plus souvent nécessaire le recours au savoir juridique spécialisé, même dans des matières où il n'avait jadis qu'une importance secondaire, les ouvrages juridiques à caractère professionnel ou pédagogique dominent l'édition, et ils tendent à réduire la recherche en droit à sa seule dimension positive. À l'inverse de cette tendance, la collection « Logiques juridiques » des éditions L'Harmattan est ouverte à toutes les approches du droit. Tout en publiant aussi des ouvrages à vocation professionnelle ou pédagogique, elle se fixe avant tout pour but de contribuer à la publication et à la diffusion des recherches en droit, ainsi qu'au dialogue scientifique sur le droit. Comme son nom l'indique, elle se veut plurielle.

Dernières parutions

Yue Zhao, *Coopérer en droit international des cours d'eau transfrontaliers, État du droit et étude du cas chinois*, 2020
Jean-Paul VALETTE, *La dynamique du pouvoir exécutif sous la Vᵉ République (1958-1993)*, 2020.
Rachid NACER, *Les normes internationales du travail entre global et local, Étude internationale et comparée de l'interprétation des instruments de l'OIT*, 2020.
Cyprien DAGNICOURT, La protection de l'environnement en période de conflit armé, 2020.
Nawel BELHAJ, *La notion de droit réel*, 2020.
Gilles TOULEMONDE, *Le droit constitutionnel de la Vᵉ République*, quatorzième édition, 2020.

André Kazadi

L'INTERPRÉTATION DU DROIT PÉNAL AU CANADA ET EN FRANCE

Entre la lettre et l'objectif de la loi

Préface de Mistrale Goudreau

L'Harmattan

Du même auteur

Service militaire obligatoire et droit à l'objection de conscience, Ottawa, éditions Muhoka, 2013.

Le statut juridique du fœtus en droit contemporain: dilemme et paradoxe. Le Semeur du Kasaï, Revue pluridisciplinaire (2008).

5-7, rue de l'École-Polytechnique – 75005 Paris
www.editions-harmattan.fr
ISBN : 978-2-343-21140-4
EAN : 9782343211404

À la mémoire de mes parents,
Josué Tshisungu B. Wa Kazadi
et Joséphine Mubanga Ntita

À Annie, Ntita-Francis et Muika-Noëlla
La petite famille qui m'inspire

À ma famille élargie

TABLE DES MATIÈRES

PRÉFACE

Les juristes sont depuis fort longtemps préoccupés par les règles d'interprétation des lois pénales. Fondées notamment sur un objectif de répression des comportements contraires aux valeurs fondamentales de la société, ces lois prévoient des sanctions, mettant à l'épreuve des libertés fondamentales, ce qui invite à les appliquer avec modération, voire retenue. Les jurisconsultes romains, d'ailleurs, en suggéraient une application bienveillante (Paul, Digeste, 50,17,155). Faut-il appliquer à ces textes les règles générales d'interprétation ou leur nature particulière commande-t-elle d'y appliquer des règles différentes ? Par exemple, faut-il prohiber dans le domaine des infractions et des peines le raisonnement par analogie ? En droit pénal, les théories générales de l'interprétation ont-elles leur place ? La question ne peut bien sûr être envisagée sans se pencher sur ces méthodes générales d'interprétation qui prévalent dans le système de droit au sein duquel le juge pénal oeuvre. Les juristes, dans les différents États, identifieront leurs méthodes préférées en utilisant différents qualificatifs : textualiste, littéraliste, exégétique, intentionnaliste, originaliste, logique, systémique, pragmatique, historique, dynamique ou évolutive, herméneutique, finaliste ou téléologique, ou basée sur la libre recherche scientifique, et y apporteront nuances, distinctions et précisions. La diversité règne et on peut se demander comment les règles d'interprétation des lois pénales s'insèrent dans ces méthodes éparses et complexes.

C'est l'apport majeur du présent livre de Maître Kazadi qui nous fournit une analyse comparative des régimes français et canadien en s'intéressant à la place donnée aux méthodes littérale et téléologique dans la démarche interprétative en droit pénal. Il dresse d'abord le tableau de la méthode générale moderne due à Elmer A. Driedger et reconnue par la Cour suprême du Canada et commente les décisions appliquant, soit la méthode littérale, soit la méthode téléologique, en droit pénal canadien. Il procède ensuite à l'examen du droit français, en passant de la méthode littérale à la méthode finaliste, et en illustrant son propos par l'étude des décisions françaises marquantes. Son analyse va bien au-delà des déclarations habituelles des commentateurs, dogmatiques et souvent inexactes, qu'on entend à répétition. Au contraire, il fait une lecture fine des décisions, débusquant les lieux communs; il remet les règles d'interprétation, notamment celle de l'interprétation restrictive ou stricte de la loi pénale, dans leur juste perspective. Les spécialistes du droit pénal pourront tirer profit de ses analyses, qui jettent un éclairage pénétrant sur le raisonnement interprétatif des magistrats. C'est donc avec un grand plaisir que je préface cet ouvrage qui sera, j'en suis certaine, l'amorce de nombreuses réflexions en droit pénal et en interprétation législative.

Mistrale Goudreau
Professeure titulaire, section de droit civil, Université d'Ottawa

AVANT-PROPOS

Cet ouvrage est une version à jour d'un mémoire de recherche présentée dans le cadre du programme de maîtrise en droit avec spécialisation en études législatives. Le lecteur découvrira au fil des pages une analyse comparative des méthodes d'interprétation littérale et téléologique de la loi pénale au regard de la place primordiale qu'elles occupent dans les systèmes juridiques canadien et français.

L'ouvrage garde la structure originelle de la recherche qui, à travers des illustrations jurisprudentielles sélectionnées en fonction de leur pertinence par rapport au thème, et des commentaires doctrinaux, parfois critiques, expose les deux approches interprétatives en faisant ressortir la dimension de chacune et son importance sur le plan systémique. Il met également l'accent sur certains recoupements entre les deux espaces normatifs, notamment en lien avec le principe d'interprétation stricte de la loi pénale et l'approche contextuelle. À la fin de l'ouvrage, deux extraits d'arrêts rendus en 2020 et présentés sous forme d'annexes illustrent l'utilisation récente des arguments interprétatifs dans les deux systèmes juridiques étudiés.

Je voudrais saisir cette occasion afin de remercier la professeure Mistrale Goudreau pour l'orientation soutenue et les commentaires constructifs dont elle m'a fait bénéficier tout au long de ce projet. Je lui en serai toujours reconnaissant. Par ailleurs, je souligne les encouragements et les observations critiques de la professeure Jennifer Quaid lors de l'évaluation de cette recherche dont elle a situé la note entre « excellent et exceptionnel ». Avec humilité, j'accepte ces qualificatifs et je lui exprime, du même souffle, ma haute considération. Enfin, j'adresse mes sincères remerciements au professeur José Tshisungu pour ses pertinentes suggestions d'ordre linguistique.

André Kazadi K.C.

INTRODUCTION

La loi pénale s'exprime par des énoncés généraux et abstraits, une texture ouverte comme dirait Herbert L.A. Hart [1], applicables à des cas particuliers. L'une des conséquences de la légalité pénale, chère à Cesare Beccaria, est que seul le législateur a le pouvoir formel de créer les infractions et les peines, et le juge n'a aucun pouvoir d'interpréter la loi pénale parce qu'il n'est pas législateur[2]. Ce postulat de Beccaria prétend que dans chaque cas porté devant lui, « le juge doit avoir à faire un syllogisme parfait : la majeure doit être la loi générale, la mineure l'action conforme ou non à la loi, la conséquence est la liberté ou la peine. Si le juge, par contrainte ou volonté, fait ne serait-ce que deux syllogismes, on ouvre la porte à l'incertitude[3] ».

---

1 Hérbert L.A. HART, *le concept de droit,* Bruxelles, Facultés universitaires Saint-Louis, 1976, p.155 ; Pierre-André COTÉ, avec la collab. de Stéphane BEAULAC et Mathieu DEVINAT, *Interprétation des lois*, 4e éd., Montréal, Thémis, 2009, p. 321 : « La plupart des mots que la loi emploie n'ont pas un contenu précisément délimité ». Voir également sur cette question l'analyse de David Gilles, *Introduction aux fondements philosophiques du droit*, Cowansville, Éditions Yvon Blais, 2012. p.371 : « Hart considère globalement que le législateur pose un droit général et et il renvoie à l'arbitraire judiciaire pour permettre d'instiller une souplesse au système juridique ».

2 Cesare BECCARIA, *Des délits et des peines*, trad. de Philippe Audegean, Paris, Éditions Payot & Rivages, 2014, p.57.

3 Ibid., p. 58.

Selon lui, l'axiome selon lequel il faut consulter l'esprit de la loi, donc l'interpréter est très dangereux[4] et qu'au fond « un désordre qui naît de la rigoureuse observation de la lettre de la loi ne saurait être mis en balance avec les désordres qui naissent de l'interprétation[5] ». Il s'agit ici d'un dogme qui avait déjà été observé chez Montesquieu quand il a affirmé dans *De l'esprit des lois* que « dans un gouvernement républicain, il est de nature de la constitution que le juge suive la lettre de la loi. Il n'y a point de citoyen contre qui on puisse interpréter une loi quand il s'agit de ses biens, de son honneur ou de sa vie. À Rome, les juges prononçaient seulement que l'accusé était coupable (…) et la peine se trouvait dans la loi (…) En Angleterre, les jurés décident si l'accusé est coupable, ou non (…) et, s'il est coupable, le juge prononce la peine que la loi inflige pour ce fait ; et pour cela il ne lui faut que des yeux [6]». Ce déterminisme fondé sur la séparation nette entre les pouvoirs étatiques est dépassé, car il appert aujourd'hui que le « monopole » du législateur ne sous-entend nullement l'interdiction d'interpréter le droit afin de le clarifier à l'occasion des situations concrètes soumises au tribunal.

Dans cette optique, la *théorie réaliste du droit* [7] enseigne que la loi en elle-même n'a aucun contenu, car

---

4 Ibid.

5 Ibid. p.59.

6 Charles DE SECONDAT, baron de Montesquieu, *De l'esprit des lois*, I, édité par Laurent Versini, Paris, Gallimard, 1995, p. 200-201.

7 « La thèse fondamentale défendue par la branche américaine du réalisme est la suivante : le droit n'est rien d'autre qu'une prédiction sur la conduite future des juges. Le droit ne consiste pas en des règles, mais plutôt en des décisions de justice ou, en d'autres termes, le droit est ce que font les juges. Le droit n'est pas dans les livres, mais dans l'action. Selon cette conception, la pratique juridique s'articule autour de la figure du juge ». Voir LA TORRE, M. : « Le modèle hiérarchique et

c'est le juge qui lui en donne un à travers ses décisions. Michel Troper, le porte-étendard de cette doctrine en France, considère que « Préalablement à l'interprétation, les textes n'ont encore aucun sens, mais sont seulement en attente de sens[8] et que la loi est ce que le juge dit qu'elle est[9] ».

Par ailleurs, la *théorie structurante du droit*[10] va même plus loin en niant ouvertement l'existence de toute norme dans la loi et en attribuant au seul juge le pouvoir de créer la norme à partir des données linguistiques du législateur.

On est là en présence de postulats contemporains qui constituent des illustrations du dépassement de la pensée classique de Montesquieu et Beccaria. Alors, pour faire son

---

le concept de droit de Hart » (2013*) revue de théorie constitutionnelle et de philosophie du droit*, 121. Voir également David Gilles, précité, note 1, p.333 et suivants où il analyse les « critiques » et les « dépassement » du normativisme : [Oliver Wendell] Holmes dans son ouvrage fondateur *The Path of the Law* (1897)10 *Harvard Law Review,* centre sa perspective sur la profession du juriste comme lieu clé du droit et de l'établissement de sa signification.

8 Michel TROPER, *La théorie du droit, le droit, l'État*, Paris, PUF, 2001, p. 74.

9 Michel TROPER, « Réplique à Otto Pfersmann », (2002) *Revue française de droit constitutionnel*, 335.

10 Théorie de Friedrich Muller, selon laquelle « la norme juridique ne se trouve pas dans le code législatif, mais elle est produite, de façon créative, par le juriste au cours du processus méthodique de résolution du cas litigieux qui lui est soumis ». Voir l'analyse de cette théorie par Mélanie SAMSON « La théorie structurante du droit : plaidoyer pour une redéfinition de l'agir juridique » (2009), Lex Electronica, vol.14, no 1, p.10, [en ligne] https://www.lex-electronica.org/articles/vol14/num1/la-theorie-structurante-du-droit-plaidoyer-pour-une-redefinition-de-lagir-juridique. (Consulté le 16 août 2019).

travail d'interprète, le juge pénal doit-il privilégier la lettre ou l'esprit de la loi ?

L'approche textuelle recherche le sens du message législatif au moyen d'une étude minutieuse des termes, en présumant que le législateur connaît ces éléments du langage qu'il doit avoir appliqués correctement [11]. Elle accorde de l'importance aux aspects grammaticaux du texte afin de découvrir l'intention du législateur et vise à « préciser la signification d'un texte de loi à l'aide d'indices proprement linguistiques : vocabulaire utilisé, règles de grammaire, structure syntaxique [12]».

Par contre, la méthode téléologique, dite aussi finaliste, vise à interpréter la loi en fonction de son but, son objet ou sa finalité [13]. L'interprète recherche la *ratio legis* ou la raison d'être de la loi. Il a ainsi « recours à différents moyens tels les travaux préparatoires, les notes explicatives du projet de loi, les travaux des assemblées parlementaires, l'histoire législative. L'interprète tente de connaître l'état d'esprit du législateur au moment de l'adoption de la loi [14]».

Dans la présente étude, à travers l'examen des pratiques canadienne et française, nous mettons en lumière la divergence qui existe entre ces deux espaces juridiques dans le domaine de l'interprétation en droit pénal. Deux espaces normatifs, deux approches interprétatives. L'analyse qui suit est basée principalement sur la jurisprudence de la Cour suprême du Canada et de la Cour de cassation française afin

---

11 Pierre-André CÔTÉ, précité, note 1, p. 295, 297.

12 Lucie LAUZIERE, « L'interprétation des lois », [en ligne], www.redactionjuridique.chaire.ulaval.ca/sites/redactionjuridique.chaire.ulaval.ca/files/capsule_methode_litterale_ou_grammaticale_cb-ms__1.pd], (Août 2012). P. 17, consulté le 16 juin 2019.

13 Pierre-André CÔTÉ, précité, note 1, p.441.

14 Précité, note 12.

d'en faire ressortir les pratiques et tendances respectives, mais sans ignorer l'apport et l'influence de la doctrine.

La réflexion s'articule ainsi autour de l'interprétation littérale en tant que méthode privilégiée en droit canadien et la méthode téléologique, qui est considérée en France comme une approche obligatoire pour le juge pénal.

Il sera abordé, dans un premier temps, l'importance de l'interprétation littérale en droit pénal canadien (Chapitre I), qui sera suivie d'une l'analyse sur le rejet de la méthode littérale et la consécration de l'approche téléologique en droit pénal français (Chapitre II). En troisième lieu, nous traiterons du recours aux arguments finalistes au Canada (Chapitre III), avant de proposer, en dernier lieu, un regard sur les points de convergence entre les deux systèmes interprétatifs étudiés (Chapitre IV).

Nous démontrerons que l'opposition entre les deux approches n'est pas totale parce que chacun des systèmes juridiques étudiés privilégie certes l'une des deux méthodes - une question de choix fondé sur le courant jurisprudentiel et doctrinal du moment- mais il lui arrive d'appliquer ponctuellement la méthode privilégiée par l'autre système et vice-versa.

Au Canada, si elles sont différentes en tant que méthodes, la méthode littérale et l'approche finaliste se révèlent souvent complémentaires dans leur application pratique, sous l'influence de la méthode préconisée par le professeur Elmer A. Driedger. Cette méthode fut ainsi énoncée : « [TRDUCTION] il faut lire les termes d'une loi dans leur contexte global, suivant le sens ordinaire et grammatical qui s'harmonise le mieux avec l'esprit de la loi, l'objet de la loi et l'intention du législateur [15] ». Nous ferons valoir que l'application généralisée de la méthode Driedger semble dominer tellement que l'élaboration d'une approche interprétative propre au droit pénal n'existe pas en réalité, hormis l'évocation habituelle, par la jurisprudence et la doctrine, du principe d'interprétation restrictive qui ne joue qu'un rôle secondaire désormais.

En France, en plus de faire valoir le principe d'interprétation stricte, en doctrine comme en jurisprudence, il est établi que le juge doit utiliser la méthode téléologique et ne peut recourir à l'interprétation littérale que lorsqu'il s'agit de découvrir le sens d'un terme technique utilisé par le législateur.

La latitude dont dispose le juge français par le biais de la méthode finaliste semble souvent inspirer des modifications législatives, mais elle fait parfois craindre les dérapages judiciaires, notamment lorsque le juge utilise l'objectif de la loi pour définir certains termes, au risque de faire dire au législateur ce qu'il ne voulait pas dire.

---

15 E.A. DRIEDGER, *The Construction of Statutes*, 2e éd., Toronto, Butterworths, 1983, p. 87. La méthode a été énoncée pour la première fois en 1974 par E.A. Driedger, *The Construction of Statutes*, Toronto, Butterworths, 1974, p. 67 : « [TRDUCTION] Aujourd'hui, il n'y a qu'un seul principe ou solution : il faut lire les termes d'une loi dans leur contexte global en suivant le sens ordinaire et grammatical qui s'harmonise avec l'esprit de la loi, l'objet de la loi et l'intention du législateur.

CHAPITRE I.

L'IMPORTANCE DE L'INTERPRÉTATION LITTÉRALE EN DROIT PÉNAL CANADIEN

Avant d'aborder l'étude de la méthode littérale en droit pénal canadien, il convient, à travers quelques observations préliminaires, de jeter un regard sur le contexte général dans lequel l'activité interprétative en droit pénal se déroule.

Section 1. Quelques observations préliminaires

Nous examinerons tour à tour l'emprise de la méthode moderne d'interprétation proposée par le professeur Driedger, le principe d'interprétation stricte et l'attitude de la doctrine.

1.1 L'emprise de la méthode Driedger sur la jurisprudence

Le paradigme driedgérien, énoncé dans notre introduction, triomphe en jurisprudence. Il peut se résumer en trois mots : texte, objet et contexte. Il invite l'interprète à regarder le contexte global et lire la loi, certes selon le sens ordinaire et grammatical des mots, mais en harmonie avec l'esprit de la loi, son objet et l'intention du législateur. L'auteur tire de l'énoncé de son modèle cinq principes érigés en étapes d'interprétation législative :

1. *Il faut interpréter l'ensemble de la loi en fonction de son contexte global pour déterminer l'intention du législateur (la loi selon sa teneur expresse ou implicite), l'objet de la loi (les fins qu'elle poursuit) et l'économie de la loi (les liens entre ses différentes dispositions).*

2. Il faut ensuite interpréter les termes des dispositions particulières applicables à l'affaire en cause selon leur sens grammatical et ordinaire, en fonction de l'intention du législateur manifestée dans l'ensemble de la loi, de l'objet de la loi et de son économie. S'ils sont clairs et précis, et conformes à l'intention, à l'objet, à l'économie et à l'ensemble de la loi, l'analyse s'arrête là.

3. Si les termes sont apparemment obscurs ou ambigus, il faut leur donner le sens qui est le plus compatible avec l'intention du législateur, l'objet de la loi et son économie, mais un sens qu'ils peuvent raisonnablement avoir.

4. Si, malgré que les termes soient clairs et sans ambiguïté lorsqu'ils sont interprétés selon leur sens grammatical et ordinaire, il y a discordance dans la loi, avec les lois qualifiées de pari materia, ou avec le droit en général, alors il faut donner aux termes un sens inhabituel pouvant entraîner l'harmonie, s'ils peuvent raisonnablement avoir ce sens.

5. Si les termes obscurs, ambigus ou discordants ne peuvent être interprétés objectivement en fonction de l'intention du législateur, de l'objet de la loi ou de son économie, alors il faut leur donner l'interprétation qui paraît la plus raisonnable[16].

La méthode Driedger est devenue la référence en droit canadien. Son influence est indéniable aussi bien sur la Jurisprudence que sur la doctrine. La Cour suprême n'hésite pas à la présenter comme le fil conducteur du raisonnement menant à ses décisions, comme le montrent ces quelques illustrations. Dans l'affaire *R.c. Lavigne* la Cour dit « Je me propose de suivre ce qui est maintenant qualifié de méthode moderne d'interprétation[17] ». Dans *R. c. Craig* on retrouve la phrase « D'après la formule d'E. A. Driedger souvent citée, il faut lire les termes d'une disposition d'une manière "qui s'harmonise avec l'esprit de la loi, l'objet de la loi et l'intention du législateur[18]". Dans *R. c. Middleton,* on peut lire : La Cour a maintes fois rappelé sa formulation préférée du principe moderne d'interprétation des lois (…)[19] ». Dans *R. c. Clark*[20]*,* la Cour cite également au complet la formule de Driedger. Dans *Application Under s.83.28 of the Criminal Code, Re*, il est énoncé que « The modern principle of statutory interpretation requires that words of legislation be read in their entire context and in their grammatical and ordinary sense harmoniously with the scheme of the Act, the object of the Act, and the intention of Parliamennt (…) [21]». Dans *Québec (Procureur général) c. Guérin*, le fait d'« Interpréter l'art. 54 sans tenir compte de ces articles s'inscrirait en faux avec le principe moderne d'interprétation des lois suivant lequel « le sens des mots ne

---

16 Ibid., p.105. La méthode DRIEDGER est appliquée pour la première fois par la Cour suprême dans l'affaire Stubart Investments Ltd. c. The Queen, [1984] 1 R.C.S. 536.

17 R. c. Lavigne, [2006] 1 R.C.S. 397.

18 R. c. Craig, [2009] 1 R.C.S. 796.

19 R. c. Middleton, [2009] 1 R.C.S. 704.

20 R. c. Clark, [2005] 1 R.C.S. 18.

21 Application Under s.83.28 of the Criminal Code, Re [2004] 21C.R, (6th) 82 (S.C.C.). 102.

peut pas être déterminé en dissociation du contexte (…)[22] ».

Les exemples de ce type sont très nombreux et les arrêts que nous examinerons plus loin le démontrent.

1.2 L'interprétation restrictive

Le principe d'interprétation restrictive de la loi pénale vise l'application de celle-ci de manière favorable à la personne qui risque une peine, lorsque le juge fait face à une difficulté ne pouvant être résolue par les règles ordinaires d'interprétation. Ce principe implique également l'interdiction d'appliquer une disposition pénale de façon extensive ou d'imposer une peine non prévue par la loi[23].

L'évolution jurisprudentielle montre toutefois que l'interprétation restrictive ou stricte de la loi pénale s'est affaiblie avec la montée de l'interprétation contextuelle[24], particulièrement lorsque le juge favorise l'objet de la loi dans son analyse. L'interprétation restrictive est donc devenue un principe subsidiaire. Dans *R. c. Robinson*, la Cour suprême a clairement indiqué que « (…) l'ambiguïté doit être résolue en faveur de la liberté du sujet, mais on ne peut apprécier l'ambiguïté qu'après avoir apprécié les règles d'interprétation [25]». Le juge utilisera pour ce faire un argument pragmatique afin de favoriser une portée limitée

---

22 Québec (Procureure générale) c. Guérin, [2017] 2 R.C.S. 3 ; voir aussi R. c. Gladue, [1999] 1 R.C.S. 704.

23 P.-A COTÉ et al., précité, note 1, p. 547 à 554 ; voir également G. COTÉ-HARPER, P. RAINVILLE et Jean TURGEON, *Traité de droit pénal canadien*, Cowansville, Éditions Yvon Blais, 1998. p. 146-150.

24 P.-A COTÉ et al, Ibid., p. 54.

25 R. c. Robinson, [1951] R.C.S. 522,536 ; voir également l'affaire Hasselwander, [1993] 2 R.C.S. 398.

d'une norme qui porte atteinte aux droits et libertés[26]. Stéphane Beaulac écrit à juste titre que « les tribunaux font entrer en jeu des facteurs liés aux intérêts de la société en général dans leur analyse pragmatique de la législation pertinente. Cela se traduit par une présomption (…) qui est diluée, dont la force persuasive est diminuée, parce qu'on tentera de donner dans un premier temps effet à la volonté du législateur dans ses lois pénales qui, par définition, visent à promouvoir la sécurité du public et la lutte au crime (…) Si l'impasse demeure après avoir identifié l'intention du législateur avec les principales méthodes d'interprétations, alors il sera possible de recourir à l'argument pragmatique d'interprétation stricte (…), et ainsi donner le bénéfice du doute aux individus[27] ». L'arrêt *McIntoch* illustre le caractère secondaire du principe de l'interprétation stricte en faveur de l'accusé. La Cour suprême y affirme sans ambages que « le principe suprême qui régit l'interprétation des dispositions pénales est que l'ambiguïté devrait être tranchée de la façon qui favorise le plus l'accusé. En outre, lorsqu'il faut choisir entre deux interprétations possibles, il est important de donner effet à l'interprétation la plus compatible avec le libellé de la disposition[28] ». Dans cette affaire, l'accusé invoquait la légitime défense en vertu du paragraphe 34 (2) du *Code criminel*, à la suite du meurtre de la victime chez qui il s'était rendu pour réclamer l'équipement audio qu'il lui avait confié pour réparation. Le juge de première instance a interprété ce paragraphe 34 (2) du *Code criminel* comme comprenant l'expression « sans provocation de sa part » que prévoit le paragraphe 34 (1) du même *Code*. Cette

---

26 Précité, note 1, p.540.

27 Stéphane BEAULAC et Frédéric BÉRARD, *Précis d'interprétation législative*, 2e éd, Montréal, LexisNexis, 2014, p.356-357.

28 R. c. McIntosh, [1995] 1 R.C.S.705, 702-704.

interprétation restrictive a eu comme conséquence le fait que l'accusé ne pouvait pas justifier son acte par la légitime défense et, en conséquence, il a été déclaré coupable. Selon la Cour, le juge du procès n'aurait pas dû donner une telle directive au jury, parce que s'il y a deux interprétations possibles, il faut retenir celle qui est favorable à l'accusé. De toute façon, la Cour considère qu'il n'y a pas ambiguïté dans cette disposition et elle précise que si le législateur avait réellement eu l'intention de ne pas permettre à un agresseur initial de se prévaloir du paragraphe 34(2), il aurait exigé l'absence de provocation dans cette disposition.

Par ailleurs, il importe de souligner que pour favoriser l'accomplissement de l'objectif de la loi en lui donnant un effet pratique, il arrive que la Cour suprême rejette l'interprétation stricte qui serait en faveur de l'accusé. Ainsi, dans *R. c. Dawson*, la Cour suprême a précisé qu'en matière d'enlèvement d'enfant, exiger une ordonnance de garde de la personne dépossédée serait une interprétation trop restrictive de l'article 283 du *Code criminel* et qui irait à l'encontre de son objetif de protéger les enfants[29]. Dans *Legare,* la Cour suprême a annulé l'acquittement d'un homme de 32 ans accusé d'avoir leurré une jeune fille de 12 ans, en qualifiant d'« exagérément restrictive » l'interprétation donnée par le juge de première instance à l'alinéa 172.1(1) c) du *Code criminel.* Cette disposition punit le fait de communiquer intentionnellement au moyen d'un ordinateur avec une personne dont on sait ou croit qu'elle est âgée de moins de 14 ans, dans le dessein précis de faciliter la perpétration à son égard d'une infraction prévue, soit l'enlèvement, soit l'une des infractions d'ordre sexuel qui y sont mentionnées. Selon la Cour, et contrairement à ce qu'a fait le juge de première instance,

[29] R. c. Dawson [1996] 3 R.C.S. 795-796.

« (...) il n'est ni nécessaire ni nécessairement suffisant que les actes reprochés à l'accusé soient objectivement susceptibles de faciliter la perpétration de l'infraction énumérée à l'égard de la personne concernée qui n'a pas atteint l'âge fixé. C'est pourquoi le contenu de la communication n'est pas forcément déterminant. Ce qui importe, je le répète, c'est de déterminer si la preuve dans son ensemble établit hors de tout doute raisonnable que l'accusé a communiqué au moyen d'un ordinateur avec une victime qui n'a pas atteint l'âge fixé en vue de faciliter la perpétration à son égard d'une infraction d'ordre sexuel énumérée[30] ». Les hauts magistrats ont privilégié dans cette décision une interprétation qui favorise la protection des enfants, à l'ère du cyberespace.

1.3 L'attitude de la doctrine

La lecture des traités de droit pénal au Canada révèle que, de manière générale, les auteurs n'abordent pas l'interprétation du droit pénal en tant qu'objet d'étude spécifique. Ces ouvrages ne présentent pas une méthodologie interprétative particulière propre au droit pénal, hormis les exposés habituels portant sur le principe l'interprétation stricte de la loi pénale. La doctrine reste donc sur la même longueur d'onde que la jurisprudence qui, comme on le sait, applique en général la méthode Driedger.

Dans les exemples qui suivent, l'on peut constater que la « strict construction of criminal laws » revient dans la plupart des traités comme principe important que l'interprète doit avoir à l'esprit. Ainsi, le professeur Don Stuart, dans son ouvrage *Canadian Criminal Law, A Treatise,* parle du rôle créateur du juge, soutient que la méthode moderne de Driedger donne à ce dernier plus de

---

30 R. c. Legare, [2009] 3 RCS 564.

discrétion et évoque ensuite la « stricte construction » ou la « presumption in Favour of Liberty: The suprême Court now consistently assert a broad approach that allows for considerable judicial discretion (…) it is never appropriate to distord statutory language. It leaves unsullied the view that if there are two reasonable construction the stricter, that is the one most favorable to the accused, must be applied (…) Where real ambiguity exists, the accused must receive the more generous interpretation[31]». L'auteur plaide pour une lecture restrictive en faveur de l'accusé lorsqu'il y a ambiguïté.

Dans un volumineux précis, *Learning Canadian Criminal Law*, Don Stuart et Steve Coughlan rappellent comme approche générale d'interprétation, la méthode Driedger[32] telle que récupérée par la jurisprudence dans plusieurs décisions comme nous l'avons expliqué plus haut. Ils abordent la « strict construction of penal statutes » en tant que principe utilisé par la Cour « where the ordinary principles of interpretation do not resolve an ambiguity[33] ». Par ailleurs, R.P. Saunders et Rebecca Bromwich, dans leur précis intitulé *Criminal Law in Canada : An Introduction to the Theoretical, Social an Legal Contexts*, affirment que « (…) the courts are responsible for the interpretation of the existing statute law and thus have a role to play in giving concrete meaning to the words in the statute through the various rules of interpretation that they employ. These rules do not concern us here as they are more useful in a practical

31 Don STUART, *Canadian Criminal Law, A Treatise*, Toronto, Carswell, 2011, p.9,39,40.

32 Don STUART et Steve COUGHLAN, *Learning Canadian Criminal Law*, 13e éd., Toronto, Carswell, 2015, p.10-11.

33 Ibid., p.23.

sense and are often quite technical [34] ». Elles abordent toutefois, à travers la présentation des extraits de certains textes de doctrine, quelques problèmes d'interprétation que rencontrent les juges notamment l'ambiguïté et l'imprécision de certains termes. Elles exposent notamment l'idée selon laquelle « litteral meaning is the meaning carried by language when it is read in the disctionary sens unaffected by considerations of particular context. It must be distinguished from actual meaning, which is the meaning of a word or passage when read in a particular context[35] (1). » Elles commentent par ailleurs l'affaire *Paré* dans laquelle la Cour suprême a rétabli un verdict de meurtre au premier degré alors que l'accusé plaidait que le principe d'interprétation restrictive du droit pénal ne permettait pas qu'il soit condamné au premier degré, parce que selon lui le meurtre n'est pas intervenu « While committing an offence » comme prévu à l'article 214 (5) a) du *Code criminel*, mais plutôt après l'attentat à la pudeur sur la victime. La Cour a considéré qu'« il existait entre le meurtre et l'infraction sous-jacente un lien temporel et causal. Le meurtre faisait partie d'une suite ininterrompue d'événements. Il faisait partie d'une seule et même affaire [36] ». Un autre ouvrage, *Criminal Law,* de Kent Roach, aborde également la question de l'interprétation sous l'angle de la « stricte Construction ». Il évoque à ce sujet le fait qu'il existe un lien entre l'interprétation finaliste et le principe de l'interprétation restrictive en ce que « the preference for the interpretation that most favours the

---

34 R.P. SAUNDERS et Rebecca BROMWICH, *Criminal Law in Canada : An Introduction to the Theoretical, Social and Legal Contexts*, 5e éd, Toronto, Thompson Reuters, 2016, p.123.

35 Ibid., p.133.

36 Ibid., p.141-149 ; R.c. Paré, [1987] 2 R.C.S. 634.

accused applies only if, after consulting the purpose of a statute, reasonnable ambiguities remain in its meaning[37] ».

Force est donc de constater qu'il y a dans la communauté juridique un consensus sur l'inexistence d'une méthode spécifique d'interprétation propre au droit pénal, exception faite de l'application du principe d'interprétation stricte. Toutefois, comme nous le verrons dans la section sur l'interprétation littérale, la professeure Coté-Harper a, dans son *Traité de droit pénal canadien*, à partir de la jurisprudence, présenté méthodiquement ce qui lui semble être l'état du droit concernant les étapes à suivre pour interpréter le droit pénal. La professeure Côté-Harper explique également que s'il y a doute en utilisant le sens littéral d'un mot, alors il faut appliquer le sens qui est conforme à l'objet de la loi[38].

On ne saurait passer sous silence un ouvrage critique majeur qui vient poser ce même diagnostic en constatant le peu de place réservée à l'étude de l'interprétation en droit pénal. Dans cet essai juridique très récent, intitulé *Sovereignty, Restraint, & Guidance, Criminal Law in the 21st Century*, le professeur Michael Plaxton critique sévèrement l'attitude dans le milieu juridique en général et académique en particulier, qui fait montre de peu d'intérêt pour l'interprétation du droit pénal. D'entrée de jeu, il s'exprime ainsi : « My first point might sound so modest as not to be worth making. But it is one that is lost or badly obscured in many criminal law casebooks, textbooks, and classrooms. Statutory interpretation tends to receive little attention as a free-standing topic; insofar as it is discussed at all, disproportionate attention is paid to strict construction, a technique that, at best, plays a marginal role

---

37 Kent ROACH, *Crimnal Law*, 6e éd., Toronto, Irwin Law, 2015, p.92.

38 Précité, note 23, p.142, 160., 164, 166.

in the contemporary interpretation of criminal statutes. Once addressed, the matter is either dropped and largely forgotten [39] ». Plaxton critique le fait que la méthode Driedger met l'accent sur le texte alors qu'à son avis, il serait plus approprié d'insister sur le but[40]. Il reconnaît néanmoins que

> « giving independent significance to the text imposes a bake on the power of judges and courts to engage in the sort of policy-making that is best left to legislatures. » Ainsi, pour lui, « The temptation for judges to deliberately or unconsciously substitute their own policy preferences for those of Parliament - to assume that their own political preoccupations and priorities "must" have been those of the legislature at the time the statutory scheme in question was enacted - is arguably too great to allow them to rest their "interpretations" on bare appeals to legislative intent (…). » Le professeur poursuit en précisant que « This means that, even under the modern approach, there is some risk of judicial overreaching in the policy-making realm. Requiring judges to at least try to square their understanding of a statutory provision with the text that was actually sued tethers them to some degree. Even if the tether occasionally resembles a bungee-cord rather than a rope, it at least ensures that interpretation does not go into utter free-fall[41]. »

---

39 Michael PLAXTON, *Sovereignty, Restraint, & Guidance, Criminal Law in the 21st Century*, Toronto, Irwin Law, 2019, p. 8.

40 Ibid., p. 95.

41 Ibid., p. 95-96.

Plaxton estime par ailleurs que le principe d'interprétation stricte du droit pénal ne doit pas être évoqué de façon exagérée. Il faut un contexte de doute sur la signification d'un texte. Selon lui, bien que parfois on soit face à une vraie ambiguïté, « In the vast majority of cases, the rule of strict construction is a needless distraction[42] (...) So we should not make the mistake of supposing that the usual approach to statutory interpretation is displaced when reading criminal offence provisions [43]». On ne doit donc pas perdre de vue que les méthodes usuelles d'interprétation s'appliquent et qu'on ne devrait pas évoquer l'interprétation stricte du droit pénal de manière intempestive.

Enfin, comme on peut s'en douter, les grands traités et précis canadiens sur l'interprétation des lois abordent également la question de l'interprétation du droit pénal uniquement en lien avec le principe de l'interprétation restrictive. À l'instar de Côté et Beaulac, mentionnés plus haut, la professeure Ruth Sullivan rappelle que « under the strict construction doctrine, legislation that interferes with the rights of subjects is strictly construed, any doubts concerning the application of such legislation are to be resolved in favor of the subject[44].

Section 2. Le fondement de la méthode littérale

Il s'agit de montrer en quoi cette méthode est justifiée dans le système canadien et, par la suite, analyser le contenu de ses techniques d'application. Il faut préciser d'emblée que la méthode d'interprétation littérale se distingue de l'argument de texte, soit la *litteral rule* ou la *plain meaning*

---

42 Ibid.,p. 116-117.

43 Ibid.

44 Ruth SULLIVAN, *Statutory interpretation*, 3rd edition, Toronto, Irwin Law, 2016, p.230.

rule, en anglais. Cette dernière est aujourd'hui considérée comme une mauvaise règle d'interprétation législative en ce qu'elle prétend que seul le texte de loi permet de découvrir la règle de droit sans l'interpréter[45]. Ce n'est pas parce qu'un texte apparaît littéralement clair que son contenu, soit la norme qui incarne l'intention législative, l'est tout autant.

La professeure Sullivan propose d'ailleurs une réflexion au sujet de la relation entre la « Plain Meaning Rule » et la méthode moderne de Driedger. Selon elle, il y a eu dans la jurisprudence une tendance à préférer parfois l'approche essentiellement textuelle plutôt que la méthode moderne. Certaines décisions ont reconnu toutefois qu'il y avait incompatibilité entre les deux approches[46]. Sullivan considère aussi que la Cour suprême a appliqué *the plain meaning rule* lorsqu'elle a affirmé dans l'affaire *McCraw* qu'« Il est bien établi qu'il faut donner aux termes contenus dans une loi leur sens ordinaire. Les autres principes d'interprétation législative n'entrent en jeu que lorsque les termes à définir sont ambigus[47] ». L'auteur rappelle que malgré la confirmation dans *Rizzo & Rizzo* que l'interprétation législative ne peut être fondée sur le seul libellé de la loi[48], la Cour suprême est retombée dans la même rhétorique sur l'ambiguïté comme condition

---

45 Stéphane BEAULAC et al, précité, note 27, p.50 ; voir également Ruth Sullivan : « *Statutory interpretation in Supreme Court of Canada* », [en ligne], http://aix1.uottawa.ca/~resulliv/legdr/siinscc.html, consulté le 23 juin 2019.

46 Ruth SULLIVAN, Sullivan on the Construction of Statutes, Markham, Lexis Nexis, 2014, p 16, par. 2.24.

47 R. c. McCraw [1991] 3 R.C.S. 72.

48 Rizzo & Rizzo Shoes Ltd. (Re), [1998] 1 R.C.S. 27, 41.

nécessaire pour aller au-delà du textualisme[49], et que le seuil de l'ambiguïté fait toujours l'objet de débat [50]. Quoiqu'il en soit, la Cour suprême et la doctrine reconnaissent généralement que le texte de loi n'est que le début et non la fin de l'histoire[51]. Que l'on suive la méthode moderne ou une approche essentiellement textuelle, l'analyse commence nécessairement par l'identification des mots en litige et la détermination de leur sens[52], et cette démarche se justifie.

2.1 La justification

Le professeur Pierre-André Côté résume ainsi les postulats qui justifient le recours à la méthode grammaticale : « la loi est une communication entre le législateur et les justiciables ; la communication au moyen du langage est possible ; le législateur, par le texte législatif, entend transmettre une pensée ; le législateur connaît les règles ordinaires du langage ; le législateur sait employer le langage de manière à communiquer adéquatement sa pensée [53]». Il ne s'agit là que des présomptions, mais ces dernières demeurent de véritables principes qui rassurent

---

[49] Ruth SULLIVAN, précité, note 46, p. 20, 22-24, au para. 2.31, 2.33 – 2.35 ; Bell ExpressVu Limited Partnership c. Rex, [2002] 2 R.C.S. 559.

[50] Charlebois c. Saint John (Ville), [2005] 3 R.C.S. 563, au para. 23 ; R c Clarke, 2014 CSC 28, [2014] 1 R.C.S. 612, au para 28 ; Wilson c. Colombie-Britannique (Superintendent of Motor Vehicles), 2015 CSC 47, [2015] 3 R.C.S. 300, au para. 25.

[51] Stéphane BEAULAC et al p. 51. Chieu c. Canada (Ministre de la Citoyenneté et de l'Immigration), [2002]1 R.C.S. 84, 2002 CSC 3, au para. 34 ; ATCO Gas & Pipelines Ltd. c. Alberta (Energy &Utilities Board),[2006] 1 R.C.S. 140, 2006 CSC 4, au para 48.

[52] Ruth SULLIVAN, précité, note 46, p. 9,10,49.

[53] Précité, note 1, p.295.

l'interprète et qui lui donnent un fondement à son activité. Comme on le verra, plusieurs décisions, récentes et moins récentes montrent que l'adhésion à la méthode littérale comme modèle de base est quasi unanime au sein de la communauté juridique canadienne.

L'arrêt de la Cour suprême *The King v. Dubois*[54], rendu en 1935 pose le principe du recours nécessaire au sens littéral et grammatical des mots pour interpréter la loi. Dans cette affaire, il s'agissait d'une poursuite de 5000$ en responsabilité contre la Couronne à la suite d'un accident de la route dans laquelle deux employés de l'État étaient impliqués. En effet, les deux employés circulaient dans un véhicule appartenant au gouvernement du Canada et utilisé par la Direction de la radio du ministère de la Marine pour la détection et l'élimination des interférences radio inductives. Vers la fin de l'après-midi, alors qu'ils se trouvaient sur le chemin du retour au quartier général, les deux fonctionnaires ont, à cause de l'obscurité, la pluie et le brouillard, décidé d'arrêter la voiture d'un côté de la route afin d'essuyer le pare-brise. Une voiture venant en sens inverse est entrée en collision avec la voiture du gouvernement et, monsieur Dubois, un passager de l'autre véhicule est décédé. Les demandeurs allèguent que la collision et le décès étaient dus à la négligence des deux fonctionnaires. L'une des questions devant le juge était de savoir si la voiture appartenant au gouvernement, équipée et utilisée pour les fins susmentionnées était au moment de la collision un « Public work » au sens de l'article 19 c) de la *Loi sur la Cour de l'Échiquier*[55]; et si, de surcroît, les fonctionnaires étaient, au moment de la collision, des agents ou des fonctionnaires de la Couronne agissant dans le cadre de leurs fonctions ou de leur emploi dans un « Chantier »,

---

54 The King v. Dubois, [1935] 3 S.C.R. 378.
55 R.S.C. 1927, c. 34.

au sens de la même disposition. La Cour de l'Échiquier a jugé que la voiture était à ce moment-là une œuvre publique au sens de l'article 19 c) de la *Loi sur la Cour de l'Échiquier* et que les fonctionnaires étaient des agents ou des fonctionnaires de la Couronne agissant dans le cadre de leurs fonctions ou de leur emploi dans le contexte d'un travail public. Voici la version française de l'article 19 :

> La Cour de l'Échiquier a aussi juridiction exclusive en première instance pour entendre et juger les matières suivantes : (...)
>
> (c) Toute réclamation contre la Couronne provenant de la mort de quelqu'un ou de blessures à la personne ou de dommages à la propriété, résultant de la négligence de tout employé ou serviteur de la Couronne pendant qu'il agissait dans l'exercice de ses fonctions ou de son emploi dans tout chantier public ;

La Cour suprême a rejeté cette interprétation du mot « Public work », équivalent de « chantier » dans la version française de l'article 19, en se basant principalement sur les définitions du dictionnaire français :

> « *"Chantier", in this connection, implies defined area and locality and is incapable of application in such a way as to include public services, as such. We are indebted to our brother Cannon for the following note upon the subject which puts this point beyond dispute:*
>
> *Littré, "Dictionnaire de la langue française", verbo "chantier" nous dit que d'après le sens donné soit par le bas latin, soit par le français, le chantier est une place, un espace vide où l'on*

entasse du bois, où l'on radoube un vaisseau, où l'on travaille quoi que ce soit.

Larousse du XXe siècle le définit : Atelier à l'air libre, clôturé ou non, où l'on travaille des matériaux de construction (bois, pierre, fer, etc.).

Harzfeld, Darmesteter & Thomas, "Dictionnaire de la langue française" ; lieu où l'on dépose des matériaux pour les travailler ».

La Cour cite Lord Atkinson dans la décision *Victoria (City) c. Bishop of Vancouver Island* en ces termes : « Dans l'interprétation des lois, on doit donner aux termes leur sens grammatical ordinaire, à moins que quelque chose dans le contexte, ou dans l'objet visé par la loi où ils figurent, ou encore dans les circonstances où ils sont employés, n'indique qu'ils ont été employés dans un sens spécial et différent de leur acception grammaticale ordinaire[56]. »

Dans *Bell express vu*[57], la Cour suprême a recouru au sens ordinaire et grammatical des mots contenus dans

---

56 Victoria (City) c. Bishop of Vancouver Island, [1921] 2 A.C., p. 387 ; Dans Pinner v. Everett, [1969] 3 All E.R. 257 à 258, 259., décision britannique, Lord Reid affirme que « Pour établir le sens d'un mot ou d'une phrase dans une loi, la première question à se poser est toujours : quel est le sens normal ou ordinaire du mot et de la phrase dans le contexte où on l'emploie dans la loi ? C'est seulement quand ce sens conduit à un résultat qu'on ne peut raisonnablement croire être le but du législateur qu'il y a lieu de chercher un autre sens possible de ce mot ou de cette phrase. On nous a maintes fois prévenus qu'il est mal à propos et dangereux de faire l'interprétation en substituant d'autres mots à ceux de la Loi. » Traduction dans Bélanger c. La Reine, [1970] R.C.S. 572.

57 Bell ExpressVu Limited Partnership c. Rex, précité, note 49.

l'alinéa 9 (1) de la loi sur la radiocommunication, disposition qualifiée d'ailleurs de « quasi pénale », en ces termes « Après examen du contexte global de l'al. 9(1) c) et interprétation des mots qui le composent suivant leur sens ordinaire et grammatical, en conformité avec le cadre législatif dans lequel s'inscrit cette disposition, j'arrive à la conclusion que celle-ci ne recèle aucune ambiguïté. Je ne peux que conclure que le législateur entendait interdire de manière absolue aux résidents du Canada de décoder des signaux d'abonnement encodés. La seule exception à cette interdiction est le cas où l'intéressé a obtenu l'autorisation de le faire du distributeur détenant au Canada les droits requis pour transmettre le signal concerné et en permettre le décodage. Il n'est pas nécessaire, dans les circonstances, de recourir à l'un ou l'autre des principes subsidiaires d'interprétation législative [58] ». On doit donc présumer toujours que le sens littéral d'une loi interprétée dans son contexte reflète le mieux l'intention du législateur[59], surtout lorsqu'il n'y a pas ambiguïté[60]. Ce n'est que dans le cas où le sens ordinaire ne permettrait pas de respecter l'intention du législateur qu'il faut rechercher un autre sens[61], comme nous le verrons plus loin. L'affaire *Bélanger c. La Reine*[62] illustre aussi la justification de l'interprétation littérale, à travers l'explication du sens ordinaire du mot « conduire », mais en s'assurant de le placer dans son contexte. En effet, il s'agissait d'une accusation de négligence criminelle fondée sur l'article 192 du *Code criminel*[63]. L'accusé venait

---

58 Ibid. 594.

59 Ontario c. Canadien Pacifique Ltée, [1995] 2 R.C.S. 1031.

60 Précité, note 28, 686, 697.

61 Dubois c. La Reine, [1985] 2 R.C.S.350.

62 Précité, note 56, 567.

63 Selon l'acte d'accusation « d'avoir par insouciance déréglée et téméraire fait dévier la voiture de patrouille vers une automobile venant en sens inverse avec laquelle elle est entrée en collision…».

d'être impliqué dans un accident avec sa voiture. Ce véhicule n'étant pas en état de rouler, une voiture de patrouille l'a embarqué pour le reconduire à son domicile. Seulement, en cours de route, l'accusé a saisi le volant des deux mains et l'a tourné vers la gauche, ce qui a fait virer l'automobile brusquement, provoquant ainsi une collision frontale avec un véhicule venant en sens inverse. Une passagère de ce dernier véhicule est morte. L'accusé est déclaré non coupable à l'accusation de négligence criminelle, mais coupable à l'accusation moindre de conduite dangereuse, une infraction visée par l'article 221(4) du *Code criminel*[64]. La Cour d'appel a confirmé la déclaration de culpabilité. En Cour suprême, selon l'interprétation de la majorité, l'on peut dire qu'aux temps et lieu de l'accident l'appelant conduisait un véhicule à moteur dans… une grande route… de façon dangereuse pour le public, compte tenu de toutes les circonstances (...) « il ne peut y avoir de doute que pendant les quelques instants où la voiture de patrouille a quitté sa voie à la droite pour entrer dans la voie réservée aux véhicules voyageant en sens inverse, quelqu'un la conduisait "de façon dangereuse pour le public" et l'on ne peut dire que les agissements ou la façon de conduire de l'agent de police aient présenté quelque danger pour le public[65] ». Selon les

---

64 L'article 221(4) du Code criminel dispose : 4) Quiconque conduit un véhicule à moteur dans une rue, sur un chemin, une grande route ou dans un autre endroit public, de façon dangereuse pour le public, compte tenu de toutes les circonstances, y compris la nature et l'état de cet endroit, l'utilisation qui en est faite ainsi que l'intensité de la circulation alors constatable ou raisonnablement prévisible à cet endroit, est coupable

a) d'un acte criminel et encourt un emprisonnement de deux ans, ou

b) d'une infraction punissable sur déclaration sommaire de culpabilité.

65 Précité, note 56, 574.

juges dissidents, il est incontestable que ce qu'a fait l'appelant était dangereux ; cependant, on ne peut pas dire qu'il conduisait la voiture de patrouille[66]. Le juge en chef, pour la dissidence, écrit : « Supposons qu'après la collision un autre agent de police soit arrivé sur les lieux de l'accident et ait demandé à l'agent Bateman qui conduisait la voiture de patrouille au moment de la collision, peut-on douter qu'il aurait répondu " Je conduisais, mais c'est lui, Bélanger, qui a causé la collision en saisissant le volant", ou quelque chose d'analogue ? Si l'on veut décrire en langage courant le geste qu'on impute à Bélanger, on ne dira pas qu'il conduisait l'automobile, mais qu'il s'est interposé dans la conduite par Bateman. Je ne crois pas possible de dire dans le sens ordinaire du langage courant, en donnant à l'expression "quiconque conduit un véhicule à moteur" le sens qu'elle a dans la bouche de l'homme de la rue, que l'appelant conduisait la voiture de patrouille[67] ».

Au-delà de cette controverse interne de la Cour suprême, il faut retenir que la recherche du sens ordinaire du mot est primordiale, à tout le moins en tant que point de départ dans cette démarche interprétative. Cette décision illustre aussi le fait que l'interprétation littérale commande toujours, comme l'écrit Lucie Lauzière, un argument de texte, tantôt par une simple analyse grammaticale, tantôt par une analyse contextuelle qui fait ressortir surtout un élément de logique et le plus souvent les deux analysent coïncideront[68].

---

66 Ibid. 571.

67 Ibid. 572.

68 Lucie LAUZIERE : « Le sens ordinaire des mots comme règle d'interprétation », (1987), vol. 2, C.de D. 389,390.

2.2 Les techniques d'application de la méthode littérale

On retrouve dans la méthode d'interprétation littérale un certain nombre d'éléments correspondant à quelques directives ou principes qui guident cette approche. Comme l'écrit Beaulac, « Chronologiquement parlant, il est approprié de débuter par une analyse du texte législatif afin de voir comment s'y est pris le législateur pour communiquer avec les justiciables. Il est donc exact de dire que c'est dans le texte que l'on doit débuter la recherche de l'intention du législateur [69]».

a) Le recours au sens ordinaire et courant des mots

Il faut favoriser le sens courant d'un mot ou d'une expression. Selon cette directive, on doit s'assurer que le sens que l'on donne à une règle de droit peut être supporté par son sens ordinaire[70]. Il est nécessaire de s'attacher à la présomption bien connue selon laquelle le législateur est censé s'exprimer selon le sens ordinaire des mots. Cette présomption participe grandement à la valorisation du sens ordinaire et courant, ce qui présuppose que le législateur maîtrise les règles de grammaticales, syntaxiques et sémantiques relatives aux mots qu'il choisit. Ce sont les définitions du dictionnaire qui nous fournissent le sens courant des mots ainsi que les différentes acceptions possibles, particulièrement lorsque le législateur n'a pas défini un mot, il faut recourir aux dictionnaires pour en découvrir le sens courant et ordinaire. La professeure Lauzière écrit : « Inspirée des principes généraux de la communication, la sagesse exprimée par la règle du sens

---

69 Précité, note 27, p.51.

70 Ibid. p.74.

ordinaire des mots est universellement reconnue. La règle fait appel au sens courant des mots, c'est-à-dire au sens consacré par l'usage. Le législateur est censé s'exprimer selon le sens ordinaire des mots. On trouve, en effet, dans nos lois, une forte présomption que le législateur a parlé selon le sens ordinaire[71] ». C'est pour cette raison que Sullivan nous dit que « the starting point of every interpretative exercise is determining the ordinary meaning of the text [72]».

Dans R. c. Lewis[73], le sens du dictionnaire a été utilisé afin d'interpréter l'expression « on the reserve » contenue dans un règlement du Conseil de Bande pris en vertu de l'alinéa 81(1) o) de la *Loi sur les Indiens* et qui interdisait la pêche sur cet espace. La Cour a en effet recouru à trois dictionnaires (*Concise Oxford Dictionary of Current English*; *Webster's Third New International Dictionary of the English Language* et *Petit Robert*) et a conclu qu'il faut donner à l'expression *on the reserve* son sens ordinaire et l'interpréter comme voulant dire « à l'intérieur de la réserve », « dans la réserve » ou *se trouvant dans la réserve ou à l'intérieur des limites de celle-ci.* La cour précise en outre que « Bien que les traités et les lois visant les Indiens doivent recevoir une interprétation libérale et que toute ambiguïté doive profiter aux Indiens, le mot "on" utilisé dans l'expression "on the reserve" signifie, suivant son sens ordinaire et naturel, "à l'intérieur de la réserve", et non *adjacent à la réserve*. L'expression "on the reserve" qui figure dans la Loi sur les Indiens devrait être interprétée de la même façon partout où elle y est utilisée. L'examen de l'ensemble de la loi révèle clairement que le législateur fédéral n'a jamais eu l'intention qu'un règlement

---

71 Précité, note 68, p. 17.

72 Précite, note 44, p.59.

73 R. c. Lewis (1996) 1 R.C.S. 921.

administratif pris par le conseil d'une bande ait une portée extraterritoriale. En outre, l'examen du texte français de la disposition en cause appuie la thèse que l'expression "on the reserve" signifie dans la réserve ou à l'intérieur des limites de celle-ci. Si le législateur fédéral avait eu l'intention d'accorder aux conseils des bandes indiennes des pouvoirs de réglementation dont le champ d'application aurait dépassé les limites de leurs réserves, il l'aurait indiqué expressément ». Ajoutons ici que si la loi avait voulu définir ce qu'elle entendait par « on the reserve », la démarche des juges se serait limitée au sens juridique. Les définitions se trouvant dans la loi ont priorité, car c'est la volonté du législateur. Il demeure possible toutefois que le législateur précise que la définition ne s'applique que si le contexte indique un sens différent. Cela a comme conséquence la nécessité pour le juge de se détacher de la définition juridique et retourner au sens ordinaire afin de tenir ainsi compte d'éléments contextuels susceptibles de mieux refléter l'intention du législateur. D'ailleurs, dans la recherche du sens ordinaire d'un mot, le juge peut aller au-delà du sens pur et simple du dictionnaire, dans les cas où le sens courant est celui qui correspond à l'usage ou au contexte, de sorte qu'il devient celui qu'il faut retenir en l'espèce. Lucie Lauzière affirme à ce sujet que le sens ordinaire est un concept variable qui peut être défini par le contexte ou l'usage [74]. Dans *Smith, Kline & French Laboratories Limited, et al. c. Procureur général du Canada,* la Cour fédérale affirmait à juste titre : « bien que, dans le langage courant, on ne puisse dire qu'une lettre est un "document", il semble que dans le contexte des alinéas d) et e), le terme "document" est utilisé comme terme générique pour décrire diverses formes de communications ou de documents qui rapportent ou traduisent l'expression d'opinions, de renseignements, etc., concernant les affaires

---

74 Précité, note 68, p. 382.

du Cabinet. En ce sens, une lettre peut constituer le tout ou une partie d'un "document"[75] ». Comme l'affirme Sullivan, « It is presumed that the ordinary meaning of legislation is the meaning intended by the legislature. In the absence of a reason to reject it, this meaning is biding on courts[76].» Côté ajoute pour sa part que « les principes d'interprétation des lois, eux, ne sont pas "absolus" : ils suggèrent une conclusion, mais n'y obligent point (…) Il peut y avoir des raisons valables de s'écarter du sens courant (par exemple : pour éviter un résultat absurde) et cette règle pourrait être reformulée ainsi : entre deux interprétations, celle qui respecte le sens courant des mots est plus susceptible de traduire l'intention du législateur que celle qui s'en écarte[77]. »

Par ailleurs, il est aujourd'hui reconnu que le sens dit « populaire » ou « familier », l'argot notamment, n'est pas utilisé par le législateur. Comme l'écrit Gérard Cornu, l'expression juridique, même orale, s'efforce d'accéder à l'un des deux autres niveaux du langage : le langage courant, dit soigné, langage neutre et correct (…), mais ordinaire et sans ambition ni prétention[78]. Le juge doit également être préparé à faire parfois face à la polysémie qui est une réalité aussi bien pour le législateur que pour l'interprète, étant donné que la plupart des termes communs sont polysémiques[79]. Pour ce qui est du sens technique ou

---

75 Smith, Kline & French Laboratories Limited, et al. c. Procureur général du Canada, [1983] 1 C.F. 917,933.

76 Ruth SULLIVAN, précité, note 46, p.49 ; voir aussi Ontario (Procureur général) c. Fraser,[2011] 2 R.C.S. 3.

77 Précité, note 1, p.45-46.

78 Gérard CORNU, *Linguistique juridique*, Paris, Montchrestien, 1990, p. 250.

79 Jacques LAGACÉ, « Aspects du fonctionnement du langage », dans Richard Tremblay et autres (dir.), *Éléments de légistique : comment les lois et les règlements*, Cowansville, Yvon Blais, 2010. P.407.

scientifique d'un mot, il est établi que le juge ne peut pas le contourner en l'interprétant autrement. Dans *Pfizer Company Limited c. Le sous-ministre du Revenu national pour les douanes et l'accise*, la Cour suprême affirme que « la règle voulant que les lois soient interprétées d'après le sens courant des mots est fermement établie et elle s'applique aux lois portant sur des sujets techniques ou scientifiques comme la Loi sur les brevets[80]. » et, dans *Perka*, elle a ajouté que les termes techniques et scientifiques doivent s'interpréter selon le sens technique ou scientifique[81].

Dans son *Traité de droit pénal canadien*, la professeure Côté-Harper affirme qu'« En l'absence de définitions législatives, la première étape réside dans la recherche du sens ordinaire des mots utilisés par le législateur » et que « la seconde étape veut que la définition et la portée des expressions se fassent en fonction du but et de l'objectif du législateur[82] ». C'est ainsi qu'elle énonce les deux étapes de l'interprétation d'une disposition pénale, selon la jurisprudence, principalement l'arrêt *Audet*[83]. Dans cet arrêt, un professeur âgé de 22 ans a été inculpé en vertu du paragraphe 153(1) du *Code criminel* d'avoir fait des attouchements à des fins d'ordre sexuel sur une adolescente alors qu'il était en situation d'autorité ou de confiance vis-à-vis de cette dernière. Selon les faits, l'accusé a rencontré, durant l'été et de manière fortuite dans une boîte de nuit, l'adolescente de 14 ans à qui il avait enseigné durant l'année scolaire. Plus tard dans la nuit, l'inculpé se rend dans un chalet en compagnie d'un ami, de l'adolescente et des cousines de cette dernière. Durant la

---

80 Pfizer Company Limited c. Le sous-ministre du Revenu national pour les douanes et l'accise, [1977] 1 R.C.S. 456, 460.

81 Perka et al. c. R., [1984] 2 R.C.S. 232.

82 Précité, note 23, p.160.

83 R. c. Audet, [1996] 2 R.C.S. 171.

nuit, l'accusé et l'adolescente se sont réveillent et ont eu des rapports sexuels oraux. Avant le jour de l'incident, l'accusé était déjà avisé que son contrat d'emploi avait été renouvelé pour l'année suivante et qu'il enseignerait de nouveau aux élèves de septième, huitième et neuvième année à l'école fréquentée par l'adolescente. L'accusé a été acquitté pour le motif qu'au moment de l'incident il n'était ni en situation d'autorité ni en situation de confiance vis-à-vis de l'adolescente. La Cour d'appel, à la majorité, a confirmé le verdict d'acquittement. Cependant, la Cour suprême a cassé cette décision d'acquittement. Elle affirme sans ambages la nécessité pour le juge du procès d'utiliser la méthode littérale : « En l'absence de définitions législatives, l'exercice d'interprétation doit débuter par la recherche du sens ordinaire des mots utilisés par le législateur [84]». La Cour se livre ensuite à un exercice de sémantique en utilisant comme outil le dictionnaire :

> « *Le Grand Robert de la langue française* (…) définit l'autorité comme étant un «[d]roit de commander, pouvoir (reconnu ou non) d'imposer l'obéissance » (…). Il précise que l'autorité s'entend aussi de la «[s]upériorité de mérite ou de séduction qui impose l'obéissance sans contrainte, le respect, la confiance». L'*Oxford English Dictionary* (2e éd. 1989) propose des définitions similaires de l'expression anglaise «authority»: [traduction] «[p]ouvoir ou droit d'imposer l'obéissance» et «[p]ouvoir d'influer sur la conduite et les actes d'autrui». Je suis entièrement d'accord avec le juge Proulx que la portée de l'expression ne doit pas être limitée aux cas où la relation d'autorité découle d'une quelconque fonction exercée par l'accusé, mais qu'elle doit

84 Ibid.193-195.

> s'étendre à toute relation à l'occasion de laquelle, dans les faits, l'accusé exerce un tel pouvoir. Comme le démontrent ces définitions, le sens ordinaire du mot «autorité» ou «authority» ne permet pas une interprétation si restrictive. »

Par ailleurs, la Cour tient un raisonnement a contrario en ces termes : « en refusant d'énumérer spécifiquement au paragraphe 153(1) les cas dans lesquels une personne devait s'abstenir d'avoir tout contact sexuel avec un adolescent, a voulu faire porter l'analyse sur la nature de la relation entre l'adolescent et l'accusé plutôt que sur leur statut l'un par rapport à l'autre ». Selon les juges majoritaires : « Les mots « autorité » et « confiance » utilisés au paragraphe 153(1) doivent être interprétés selon leur sens courant et l'expression « situation d'autorité » ne doit pas être limitée aux cas où la relation d'autorité découle d'une quelconque fonction exercée par l'accusé, mais elle doit s'étendre à toute relation dans le cadre de laquelle l'accusé exerce en fait un tel pouvoir. La Cour ajoute aussi les arguments finalistes suivants :

> « La définition de la portée des expressions « situation d'autorité » et « situation de confiance » tout comme la détermination dans chaque cas de la nature de la relation entre l'adolescent et l'accusé, doit se faire en fonction du but et de l'objectif poursuivi par le législateur. Il reviendra au juge du procès de tenir compte de toutes les circonstances factuelles pertinentes à la qualification de la relation existant entre les deux, pour déterminer si l'accuser se trouvait en situation d'autorité ou de confiance par rapport à l'adolescent ou encore si ce dernier était en situation de dépendance par rapport à l'accusé au

> moment de l'infraction. Bien qu'un professeur ne soit pas de jure en situation d'autorité ou de confiance vis-à-vis de ses élèves, il le sera en fait dans la très grande majorité des cas vu l'importance du rôle que lui confie la société. En l'absence d'une preuve qui soulève dans l'esprit du juge des faits un doute raisonnable sur l'existence d'une situation de confiance ou d'autorité, conclure qu'un professeur n'est pas dans une telle situation vis-à-vis de ses élèves constituerait une erreur de droit ».

Quant au concept de « confiance », la Cour retient également la définition du dictionnaire *Le Grand Robert* selon laquelle « La confiance, nous enseigne Le Grand Robert, est le fait de croire, l'espérance ferme en quelque chose, la foi en quelqu'un et l'assurance qui en découle. » La Cour poursuit qu'« En anglais, le mot « trust » peut avoir diverses significations, surtout dans un contexte juridique. Puisque le législateur a utilisé le mot « confiance » dans la version française, je doute que le mot « trust » au par. 153(1) réfère au concept d'equity. « Trust » doit plutôt être interprété suivant son sens premier: [traduction] « [c]confiance en une qualité ou un attribut d'une personne ou d'une chose, ou en la véracité d'une déclaration ». Le mot « confidence » se définit ainsi : [traduction] « [a]ttitude morale de celui qui se fie à quelqu'un ou à quelque chose ; espérance ferme, fiabilité, foi ». Soulignons que dans cette affaire, après avoir montré la nécessité de recourir à l'interprétation littérale, la Cour suprême a subsidiairement rappelé la nécessité de rechercher les objectifs de l'article 153 du Code criminel, soit protéger les adolescents se trouvant en situation de vulnérabilité vis-à-vis de certaines personnes en raison d'un déséquilibre inhérent à la nature de la relation qu'ils vivent avec celles-ci. Cette démarche supplémentaire, la Cour suprême y a recours en vue de démontrer qu'il était erroné pour le juge du procès et, par ricochet, la cour d'appel, d'exiger de la Couronne la preuve de l'abus ou de l'exploitation par l'accusé de sa « situation d'autorité » ou « de confiance » ou de la situation de dépendance de l'adolescente à son égard[85]. Selon la Cour, cela revient à vouloir démontrer qu'il y a eu consentement, alors que l'article 15 du *Code criminel*, le consentement en pareil cas ne peut pas être un moyen de défense[86].

Au demeurant, il sied de retenir que, dans cette affaire, la Cour a bien voulu montrer qu'il n'y a pas d'équivoque dans le mot « confiance » et qu'il fallait lui donner tout son sens [87]. Sa traduction anglaise a certes plusieurs significations, mais on n'est pas dans une situation où « le texte législatif renvoie à une pluralité de sens, et donc à une pluralité de règles juridiques qui sont différentes [88]».

D'un point de vue critique, Plaxton rappelle que malgré le besoin de recourir au dictionnaire, le contexte est important. Il écrit :

> « … we generally assume that parliament intended a term or phrase to be given its "ordinary meaning" and not some obscure, technical, bizarre, or idiosyncratic meaning. In making that point, I am not claiming that interpretive questions can generally - or even frequently - be resolved with a dictionary, or that one should examine the ordinary meaning of the disputed term or phrase in isolation. Examining the dictionary entry for a given word, far from settling its meaning, will frequently throw it into doubt. This is sometimes

---

85 Précité, note 83, 182-184.
86 Ibid. p. 188.
87 Précité, note 23, p. 160.
88 Précité, note 27, p. 25.

because there is an irreducible fuzziness or sloppiness in the way that a given word or phrase is commonly used. That being the case, dictionaries may not settle interpretative issues so much as give judges an opportunity to "cherry-pick." But it is also because words or phrases have different meanings in different contexts. To know which of several possible usages would be "ordinary" under the circumstances, one must first determine what the statutory context is[89] ».

La recherche du contexte, on le verra plus, est incontournable. Cela implique aussi la découverte du sens du mot au moment de l'adoption de la disposition en cause.

b) L'application du sens donné lors de l'adoption de la loi

Il existe une controverse sur cette question. Certains défendent la thèse originaliste, selon laquelle il faut respecter le sens de la loi au moment de son adoption[90]. D'autres considèrent que l'interprétation doit être plutôt dynamique et progressive [91] afin de s'adapter aux circonstances. Toutefois, c'est la thèse originaliste qui domine généralement dans les tribunaux, même si dans certaines circonstances, un certain dynamisme peut se justifier [92]. L'affaire *R.c. Perka,* mettant en scène une poursuite pour importation, possession et trafic de drogue,

---

89 Précité, note 42, p.97-98.

90 Voir notamment les commentaires de R.N. Graham, *Statutory Interpretation-Theory and Practice*, Toronto, Emond Montgomery, 2001, p.3 ; S. Beaulac et al, note 27, p.86.

91 Voir P.-A. COTÉ, précité, note 1, p. 12.

92 S. BEAULAC et al, note 27, p.86.

illustre l'approche dominante dans la communauté juridique. Dans cette décision où il était question de déterminer l'époque à laquelle il fallait se situer pour trouver le vrai sens que le législateur entendait donner à l'expression *Cannabis Sativa L*, le juge Dickson écrit : « Conformément à la doctrine de la contemporanea expositio, le sens que doit recevoir cette expression est celui que la communauté des botanistes lui donnait lorsque la Loi est entrée en vigueur en 1961. À cette époque, presque tous les botanistes considéraient que le cannabis (marihuana) ne consistait qu'en une seule espèce et que les plantes que certains botanistes désignaient sous les noms de « Cannabis indica Lam.» et de « Cannabis ruderalis Jan. » n'étaient que des sous-espèces du « Cannabis sativa L. ». Lorsque le législateur choisit délibérément un terme scientifique ou technique précis pour désigner une classe tout aussi précise et particulière de choses, ce serait faire violence à l'intention du législateur que de donner un sens nouveau à un tel terme chaque fois qu'il y a un changement de consensus taxinomique chez les membres de la communauté scientifique concernée [93]». La Cour conclut qu'il est manifeste qu'en 1961, au moment de l'adoption de la *Loi sur les stupéfiants*, le législateur a voulu par l'expression « Cannabis saliva L. » interdire toute forme de cannabis, fut-elle espèce ou sous-espèce[94]. Cela ne signifie pas que tous les termes de toutes les lois doivent toujours se limiter à leur sens original. De plus, il y a une différence entre le sens et la portée d'un terme[95]. Même en droit criminel, le juge peut donner une interprétation exceptionnelle afin d'éviter qu'une disposition ne produise des résultats insensés[96].

---

93 R. c. Perka, précitée, note 81, 234.

94 Ibid.

95 P.-A Côté, précité, note 1, p.310.

96 Ibid. p.315.

c) La suppression et l'ajout de mots

Comme on l'a vu, il existe une idée classique selon laquelle le juge n'est que la bouche du législateur, donc une espèce de simple porte-parole. Cette idée est liée à une autre selon laquelle le législateur est présumé s'exprimer correctement, de telle sorte qu'on ne s'attend pas à ce que le juge ait à ajouter ou à retranche, parce qu'en principe il faut donner à loi un « effet utile ». Ces postulats sont toutefois tempérés par un certain pouvoir que détient le juge quant à la correction des erreurs manifestes de rédaction ou l'ajout de mots pour expliciter les éléments implicites de la loi[97]. Dans *R. c. Chartrand*[98] par exemple, la Cour suprême n'a pas donné un « effet utile » au terme « unlawfully » prévu à l'article 281 du *Code criminel* parce que la version française de l'article ne contenait pas l'équivalent français de ce mot[99].

Section 3. Les traces jurisprudentielles de l'approche littérale

Qu'il s'agisse de l'analyse des mots dans leur sens ordinaire, technique ou juridique, la lecture de plusieurs arrêts de la Cour suprême révèle que cette dernière privilégie l'approche littérale comme étape primordiale de la démarche interprétative en droit pénal. Nous présentons ici quelques cas pour illustrer cette pratique contemporaine.

---

97 P.-A. COTÉ, précité, note 1, p. 318.

98 R. c. Chartrand, (1994) 2 R.C.S. 864.

99 Voir les commentaires de S. BEAULAC et al, Précité, note 27, p.101.

L'affaire Borowiec[100]

Il s'agit d'un cas d'infanticide [101]. L'accusée était inculpée de deux chefs de meurtre au deuxième degré après avoir avoué aux policiers qu'elle avait donné naissance à deux bébés, en 2008 et 2009 et qu'elle les avait abandonnés dans une benne à ordures. Le juge du procès l'a acquittée des accusations de meurtre et l'a déclarée coupable de deux chefs d'infanticide. L'appel formé par le ministère public a été rejeté par la Cour d'appel. Le débat a porté sur l'interprétation de la proposition « son esprit est alors déséquilibré ». La Cour a confirmé la décision du juge du procès après avoir analysé le sens ordinaire et grammatical de cette expression. Elle se fonde en effet sur la définition du *Grand Robert de la langue française* qui indique que l'adjectif « déséquilibré » signifie « [q]ui n'a pas ou n'a plus son équilibre mental, psychique » et sur celle de *The Oxford English Dictionary* qui mentionne que « disturbed » signifie : « [d]isquieted; agitated ; having the settled state, order, or position interfered with » et « emotionally or mentally unstable or abnormal [102]» La Cour écrit : « Le sens ordinaire et grammatical des mots employés à l'art. 233 permet de conclure que le législateur n'entendait pas restreindre la possibilité de porter des accusations d'infanticide aux situations où la santé psychologique de la femme a été gravement compromise ou à celles dans lesquelles des troubles mentaux ont été établis. Le libellé de

---

100 R. c. Borowiec [2016] 1 RCS 80.

101 Ibid. : L'infanticide est une forme d'homicide coupable qui s'applique dans les circonstances très restreintes où (1)une mère, par un acte ou une omission volontaire, cause la mort de son enfant nouveau-né et où (2) au moment de l'acte ou de l'omission, l'esprit de la mère est « déséquilibré » soit parce qu'elle n'est pas complètement remise d'avoir donné naissance ou du fait de la lactation.

102 Ibid., p.88.

la disposition démontre également qu'il n'est pas nécessaire qu'il y ait un lien de causalité entre le déséquilibre de l'esprit de l'accusée et l'acte ou l'omission entraînant la mort de l'enfant. Par contre, il doit y avoir un lien entre le déséquilibre et le fait que l'accusée ne soit pas complètement remise d'avoir donné naissance à l'enfant ou de la lactation consécutive à la naissance de l'enfant ; dans les deux cas, le déséquilibre doit résulter « de ce fait [103] ».

Dans cette affaire, la Cour utilise des arguments historiques et contextuels ; mais son analyse reste attachée à l'approche grammaticale notamment du mot « déséquilibré » qui n'est ni un terme juridique ni médical technique et qu'il faut appliquer dans son sens ordinaire et grammatical[104].

L'affaire Krymowsky[105]

Les accusés étaient inculpés d'avoir fomenté la haine contre un groupe identifiable, soit les *Roms*, par la communication de déclarations (par. 319(2) du *Code criminel*), notamment les écrits suivants : « Klaxonnez si vous haïssez les Tsiganes », « Le Canada n'est pas une poubelle » et « Vous êtes un cancer pour le Canada ». La défense a plaidé que les actes des manifestants visaient les « Tsiganes » (gypsies) et qu'aucun élément de preuve n'établissait que les *Roms* et les *Tsiganes* étaient semblables. Le juge du procès n'a pas pris connaissance d'office du sens commun de ces termes et a acquitté les accusés au motif que le ministère public n'avait pas établi un élément essentiel de l'infraction en ne démontrant pas

103 Ibid, p. 88-89.
104 Ibid. p.93.
105 R. c. Krymowsky, [2005] 1 R.C.S 101. ; voir également en matière de haine : R.c. Keegstra [1990] 3 R.C.S. 697.

que les termes avaient un sens commun. Les appels interjetés par le ministère public aux poursuites sommaires et en Cour d'appel ont été rejetés.

La Cour suprême a accueilli le pourvoi et annulé les acquittements. Selon elle, pour déterminer si les *Roms* étaient la cible de la propagande haineuse, il fallait tenir compte non seulement des termes utilisés par les intimés, mais également du caractère racial de la manifestation, de son déroulement devant un motel abritant des revendicateurs du statut de réfugié (que les témoins ont parfois appelés *Roms*), et du fait que, dans le passé, le peuple rom avait été persécuté par les nazis, le thème nazi ayant été présent lors de la manifestation. En portant toute son attention sur une seule des déclarations des intimés selon la dénonciation, le juge du procès s'est trompé quant aux éléments essentiels de l'infraction et il a de ce fait commis une erreur de droit.

La cour considère que le ministère public n'avait pas à prouver que les termes « Tsiganes » et « Rom » étaient interchangeables et qu'il appartenait au juge du procès d'examiner toute la preuve et le mot « Tsiganes » n'était qu'un des éléments à prendre en compte[106]. La Cour se fonde sur les définitions de « Rom » et « Tsiganes » telles qu'elles apparaissent dans le New Oxford Dictionary of English : « [traduction] Tsigane [« gypsy », aussi « gipsy »] : n.m. et f. Membre d'un peuple nomade ayant la peau et les cheveux foncés, parlant une langue (le romani) apparentée à l'hindi et vivant traditionnellement de travaux saisonniers, de commerce itinérant et de cartomancie. De nos jours, on retrouve les Tsiganes surtout en Europe, dans certaines parties de l'Afrique du Nord et en Amérique du

---

106 Ibid., p. 110.

Nord, mais on croit qu'ils sont originaires du sous-continent indien. (…)

Rom [« Rom », pl. « Roma »] : n.m. Tsigane, en particulier un homme tsigane (…) Il ressortait donc de ces définitions que le terme « Tsigane » pouvait renvoyer à un groupe ethnique appelé à juste titre « Rom » ou « Romani ». Je ne vois pas pourquoi le juge du procès n'aurait pas dû prendre connaissance d'office de ce fait puis en tenir compte, ainsi que d'autres éléments de la preuve, pour décider s'il était prouvé hors de tout doute raisonnable que les intimés avaient réellement voulu viser les Roms[107] ».

L'Affaire Lavigne[108]

La question à laquelle la Cour suprême devait répondre dans *Lavigne* était la suivante : en vertu de l'article 462.37(3) du Code criminel, la capacité de payer d'un contrevenant est-elle un facteur dont le tribunal peut tenir compte dans sa décision d'infliger une amende en remplacement d'une ordonnance de confiscation de biens qui constituent des produits de la criminalité ?

Pour y répondre, la Cour précise d'emblée[109] qu'elle va suivre la méthode moderne d'interprétation énoncée par Driedger, soit [traduction] « lire les termes d'une loi dans leur contexte global en suivant le sens ordinaire et grammatical qui s'harmonise avec l'esprit de la loi, l'objet de la loi et l'intention du législateur. Par la suite, après avoir rappelé notamment le contexte de l'adoption des dispositions concernant les produits de la criminalité et fait un survol de l'ensemble des dispositions sur les produits de la criminalité dans leur ensemble, La Cour conclut ainsi :

---

107 Ibid., p. 112.

108 R.c. Lavigne, précité, note 17, 392.

109 Ibid., p.397.

« Lu suivant son sens ordinaire, le texte du par. 462.37(3) signifie que le juge doit évaluer le bien et infliger une amende égale à la valeur de celui-ci. Lu dans le contexte des dispositions générales sur la détermination de la peine, en particulier le par. 734(2), il doit être interprété comme ayant pour effet d'exclure la prise en considération de la capacité de payer. Replacé dans le contexte de l'objectif de dissuasion et de la volonté de priver les contrevenants et les organisations criminelles du produit de leurs crimes, le par. 462.37(3) écarte aussi toute décision fondée sur la capacité de payer du contrevenant[110] ».

Bien que la Cour ait utilisé la méthode moderne, laquelle inclut l'examen de l'objet de la loi, elle insiste sur l'importance du texte et du contexte comme fondement de la limitation du pouvoir discrétionnaire du juge sur cette question[111].

L'affaire Clemente[112]

La cause portait sur l'article 264.1(1)[113] qui réprime le fait de proférer des menaces. L'accusé avait proféré des menaces à son ancienne travailleuse sociale en s'adressant à la collègue de cette dernière. Dans ses propos, il promettait de faire sauter son bureau et de l'étranglerait, et que, si son dossier était transféré, il y aurait un cadavre dans le bureau. Il a été déclaré coupable et cette déclaration de

---

110 R.c. Lavigne, précité, note 17, p. 411. ; voir également sur les modalités de paiement de l'amende Minimale, R. c. Wu, [2003] 3 R.C.S. 530.

111 Ibid.

112 R. c. Clemente, [1994] 2 R.C.S. 758.

113 264.1 (1) *Commet une infraction quiconque sciemment profère, transmet ou fait recevoir par une personne, de quelque façon, une menace* : a) *de causer la mort ou des blessures graves à quelqu'un.*

culpabilité a été confirmée en Cour d'appel. La Cour suprême a rejeté le pourvoi en suivant une méthode fondée sur le texte et le contexte. Elle recourt à la définition du mot « menace » selon *Le nouveau Petit Robert*, soit la « Manifestation par laquelle on marque à quelqu'un sa colère, avec l'intention de lui faire craindre le mal qu'on lui prépare [114]». Elle ajoute qu'« Aux termes de la disposition, il doit s'agir d'une menace de mort ou de blessures graves. Or, il est inconcevable qu'une personne qui proférerait des menaces de mort ou de blessures graves avec l'intention qu'elles soient prises au sérieux n'ait pas également l'intention d'intimider ou de susciter la crainte. En d'autres termes, une menace sérieuse de tuer ou d'infliger des blessures graves a dû être proférée avec l'intention d'intimider ou de susciter la crainte[115](…) Les termes qui constitueraient une menace doivent être examinés en fonction de divers facteurs. Ils doivent être examinés de façon objective et dans le contexte de l'ensemble du texte ou de la conversation dans lesquels ils s'inscrivent. De même, il faut tenir compte de la situation dans laquelle se trouve le destinataire de la menace [116]».

L'affaire A.D.H[117]

L'Affaire A.D.H. met en scène un triste cas d'abandon d'enfant par la mère. Selon les faits, cette dernière, qui n'était pas consciente de sa grossesse, a donné naissance à l'enfant alors qu'elle se trouvait dans les toilettes d'un magasin. Croyant l'enfant sans vie, elle l'a abandonné dans la cuvette, mais il a été retrouvé en vie quelque temps après. La mère a été accusée « d'avoir illicitement abandonné un

---

114 R. c. Clemente, précité, note 112, p.761.

115 Ibid.

116 Ibid. 762.

117 R. c. A.D.H., [2013] 2 R.C.S. 269.

enfant de moins de 10 ans et d'avoir ainsi mis sa vie en danger », infraction prévue à l'article 218 du *Code criminel.* Compte tenu de ses antécédents personnels en matière de grossesse (elle avait dans le passé porté une autre grossesse sans s'en rendre compte), l'accusée a convaincu le juge du procès qu'elle n'a appris sa grossesse qu'à la naissance de l'enfant et qu'elle avait réellement cru qu'il n'était pas vivant. Elle a également témoigné que ça lui a pris cinq ou six mois pour se rendre compte qu'elle était enceinte de son deuxième enfant. Le juge l'a déclarée non coupable. Selon lui, le ministère public n'a pas prouvé hors de tout doute raisonnable que l'intimée avait eu l'intention d'abandonner son enfant. Le jugement est confirmé par la Cour d'appel.

Pour répondre à la question en litige sur la norme de faute applicable en l'espèce l'élément de faute requis doit être déterminé en fonction de ce que l'intimée savait réellement ou de ce qu'une personne raisonnable aurait su et fait), la Cour suprême écrit : « En règle générale, lorsque l'élément de faute est apprécié subjectivement, on s'attache à ce dont l'accusé avait réellement conscience : savait-il que l'abandon de l'enfant compromettrait sa vie ou sa santé? Si, comme elle le prétend, l'intimée croyait l'enfant mort lorsqu'elle l'a abandonné, elle ignorait que son abandon risquait de compromettre sa vie ou sa santé. Toujours en règle générale, lorsque l'élément de faute est apprécié objectivement, on ne se demande pas ce que l'accusé savait réellement, mais bien si une personne raisonnable s'étant trouvée dans la même situation avait eu conscience du risque et si le comportement de l'accusé s'écarte de façon marquée de ce qu'une personne raisonnable aurait fait[118] ». Elle conclut que l'article 218 du

---

118 Précité, note 117, 277 ; sur les enjeux similaires, voir aussi R. c. Roy, [2012] 2 R.C.S. 60 ; R. c. Anderson, [1990] 1 R.C.S. 265 ; R. c. Bernard, [1988] 2 R.C.S. 833 ; R. c. Martineau, [1990] 2 R.C.S. 633. R. c. Théroux, [1993] 2 R.C.S. 5 ; R. c.

Code criminel n'exige pas une norme objective et se dit d'accord avec le juge du procès et la Cour d'appel en ce qu'ils ont appliqué la norme subjective. Pour y arriver, la Cour a examiné la signification des mots « abandonner », « exposer » et « volontaire » l'absence de certains termes dans le libellé de l'article 218 du *Code* et dans le régime législatif auquel cet article appartient indique que la faute doit être prouvée selon une norme subjective. De plus, le mot « abandonner » et le mot « exposer » ne sont pas définis de manière exhaustive à l'article. 214 du Code. Leur sens grammatical ordinaire suggère que la personne est consciente des conséquences de son acte. Le *Grand Robert de la langue française* reprend le même sens et explique que le verbe « abandonner » signifie « quitter, laisser définitivement (qqn dont on doit s'occuper, envers qui on est lié) [. . .] Déserter ». Quant au verbe « exposer », il semble que ce dernier comprend le fait d'« exposer quelqu'un à un péril, à un danger ».

Cette façon d'interprétation est, selon la Cour, en harmonie avec la définition non exhaustive des verbes « abandonner » ou « exposer » qui figure à l'art. 214 du *Code* et qui implique que la personne a conscience des conséquences de l'acte d'abandon ou d'exposition prohibé[119]. Par conséquent, le juge du procès et la Cour d'appel ont bien dit le droit.

Dans l'arrêt *R. c. McCraw*[120], où la Cour suprême a appliqué le textualisme comme nous l'avons vu, elle a décidé que l'expression « Blessure grave » signifie toute blessure ou lésion, physique ou psychologique, qui nuit

---

Lucas, [1998] 1 R.C.S. 439 ; R. c. Bernard, [1988] 2 R.C.S. 833 ; R. c. Martineau, [1990] 2 R.C.S. 633 ; R. c. Lucas, [1998] 1 R.C.S. 439.

119 R.c. A.D.H. précité, note 117, 290.

120 R. c. McCraw, précité, note 47, 72.

d'une manière importante à l'intégrité, à la santé ou au bien-être de la personne. Ainsi, une lettre de menace de viol peut constituer une menace de blessure grave. Il s'agit d'une interprétation textuelle où l'on a tenu compte du contexte des menaces proférées.

Avant de clore cette section, il convient de dire un mot sur l'utilisation des termes juridiques par le législateur. En effet, il ressort de la jurisprudence que la présence d'un terme juridique non défini dans la loi implique que législateur a voulu maintenir le sens juridique courant de ce mot. Dans l'affaire *R. c. D.L.W*[121], il était question de savoir si le terme « bestiality » a un sens juridique bien défini en common law et, dans l'affirmative, si le législateur a voulu s'écarter de cette signification lorsqu'il a utilisé le terme sans le définir dans la version anglaise du *Code criminel.* La Cour suprême écrit : « Un certain nombre de principes guident l'interprétation des textes de loi dans un cas de ce genre, dont voici les trois principaux. Premièrement, lorsque le législateur utilise un terme au sens juridique bien défini, on présume qu'il a voulu incorporer cette signification juridique dans la loi. Deuxièmement, toute dérogation au sens juridique doit découler clairement des termes exprès de la loi ou s'en dégager par déduction nécessaire. Enfin, nul ne peut être tenu responsable d'un crime de common law, sauf l'outrage criminel au tribunal. Il revient au législateur de créer et de définir les crimes ; les tribunaux ne doivent pas élargir la portée de la responsabilité criminelle au-delà de celle établie par le législateur [122]».

---

121 R. c. D.L.W, [2016] 1 R.C.S. 402.

122 Ibid. 419.

C'est la présomption de stabilité du droit qui semble avoir prévalu ici. Celle-ci postule qu'en l'absence d'une intention contraire exprimée clairement par le législateur, une loi ne devrait pas être interprétée de façon à modifier substantiellement le droit[123]. À notre avis, une question de pudeur aussi choquante aurait dû faire l'objet d'une analyse orientée vers des arguments téléologiques plutôt qu'une interprétation strictement littérale. Cette méthode est depuis longtemps rejetée en droit français.

---

123 P.-A. COTÉ et al., précité, note 1, p. 584.

CHAPITRE II

LE REJET DE LA MÉTHODE LITTÉRALE ET LA CONSÉCRATION DE L'INTERPRÉTATION TÉLÉOLOGIQUE EN DROIT PÉNAL FRANÇAIS

L'histoire du droit français révèle que la méthode littérale a pendant longtemps eu comme adeptes des noms célèbres notamment Montesquieu et Portalis. Ce dernier disait qu'« en matière criminelle, où il y a un texte formel et préexistant qui puisse fonder l'action du juge, il faut des lois précises et point de jurisprudence[124] ». C'était donc pour eux la meilleure façon de prévenir l'arbitraire. Pour les raisons résumées ci-dessous, le droit pénal français ne considère plus la méthode littérale comme la base de l'interprétation.

Section 1. Les motifs du rejet de la méthode littérale

1.1 Le piège des erreurs de rédaction

Pour illustrer le problème des erreurs de rédaction, on cite souvent comme exemple un arrêt de la Cour de cassation rendu en 1930. Dans cette affaire, les autorités reprochaient

---

124 Jean -Etienne-Marie PORTALIS, Discours préliminaire du projet du Code civil élaboré par la commission du gouvernement, Paris, Recueil des travaux préparatoires du Code civil, 1827, t. I, p.463 à 523 ; voir aussi les commentaires de Yves MAYAUD : « Le législateur contre l'interprétation judiciaire », dans Frédéric Stasiak (dir), *Histoire et méthodes d'interprétation en droit criminel*, Paris, Dalloz, 2015, p.121.

à un individu d'avoir ouvert la portière d'un wagon de chemin de fer et sauté sur le quai avant l'arrêt complet du train, en contravention de l'article 78 du Décret du 11 novembre 1917 sur la police, la sûreté, l'exploitation des voies ferrées d'intérêt local et d'intérêt général, interdisant aux voyageurs « de descendre ailleurs que dans les gares, et lorsque le train est complètement arrêté ». Dans sa défense, l'accusé alléguait que son comportement ne violait nullement les dispositions en cause et qu'au contraire il en avait scrupuleusement respecté la lettre. Certes, on peut dire que l'accusé avait raison « littéralement » parlant ; mais, la vérité est que l'absurdité de ce texte saute aux yeux. Le tribunal correctionnel a modifié le texte en considérant qu'en l'interprétant littéralement, on ne respecte pas l'intention du législateur. La Cour de cassation a confirmé cette décision en ces termes :

> « Sur le moyen pris de la violation par fausse application des art. 21 de la loi du 15 juill. 1845 sur la police des chemins de fer, et 78 du décret du 11 nov. 1917 portant règlement d'administration publique sur la police, la sécurité et l'exploitation des voies ferrées (…) -Attendu qu'il résulte des énonciations du jugement attaqué (Trib. corr. de Lille, 9 juill. 1929) que Bailly fils a été poursuivi devant le tribunal de simple police de Lille pour avoir, le 22 déc. 1928, à la gare de Croix-Wasquehal, ouvert la portière du compartiment de chemin de fer dans lequel il se trouvait et sauté sur le quai avant l'arrêt complet du train ; que Bailly père a été également poursuivi comme civilement responsable de son fils mineur ; que condamnation a été prononcée par le tribunal correctionnel de Lille, statuant comme juridiction d'appel, le 9 juill. 1929, pour contravention aux art 21 de la loi du 15 juillet 1845 et 78 du décret du 11 nov. 1917 ; que le

tribunal a décidé à bon droit que ce dernier texte devait être interprété comme interdisant aux voyageurs de monter dans les voitures ou d'en descendre avant l'arrêt complet du train ; D'où il suit que le moyen n'est pas fondé ; -Par ces motifs, rejette[125] ».

1.2 L'application simpliste de la maxime *in* doubio pro reo

La maxime « in doubio pro reo », ou « le doute profite à l'accusé » trouve son fondement dans le principe de l'interprétation stricte de la loi pénale, principe qui est lui-même relié à la méthode littérale et permet au juge de choisir la solution la plus favorable en cas d'obscurité ou d'ambiguïté du texte. La Cour de cassation considère que cette méthode laisse souvent les juges face à la tentation de faire prévaloir systématiquement l'intérêt du prévenu et n'admettant cette solution qu'en désespoir de cause, lorsque la volonté du législateur est absolument indécelable[126]. C'est ainsi que la Cour affirme que « le juge pénal ne peut accorder à un prévenu le bénéfice du doute et le relaxer au motif que la loi visée par la prévention est obscure ou que son interprétation est incertaine[127] ». Ainsi, selon la Cour semble assimiler au déni de justice l'application simpliste de la maxime in dubio pro reo sans s'assurer qu'il y a une véritable difficulté qui empêche radicalement la découverte de l'intention du législateur. Le caractère artificiel de la méthode littérale fait en sorte que « le juge, qui doit déclarer la volonté du législateur, sera inévitablement coupé des

---

125 Cass. crim., 8 mars 1930 : DP 1930, 1, p. 101.

126 Wilfrid JEANDIDIER, *Principes de légalité criminelle-Interprétation de la loi pénale*, Juriclasseur France, fasc.20, à jour au 18 déc. 2018.

127 Cass. crim., 12 mars 1984 ; Bull crim., 1984, n° 102.

réalités de la vie. En refusant au juge le pouvoir d'adapter la loi aux exigences du présent, la méthode littérale conduit à une asphyxie du raisonnement juridique et à des solutions anachroniques[128] ».

La doctrine française qualifie la méthode littérale de « refus de l'interprétation, soit la lettre du texte est claire et il n'y a pas lieu à interprétation, soit la lettre est ambiguë et on ne saurait s'en tenir au sens lexical [129] ». Cette façon d'aborder la méthode littérale pour justifier son rejet semble se rapprocher du regard que l'on a en droit canadien sur la règle de l'interprétation littérale (litteral rule) abordée plus tôt dans cette étude. Merle et Vitu disent d'ailleurs que la méthode littérale stérilise le droit, le fige dans le temps. Ils rappellent des brocards latins comme *ubi lex voluit, ubi noluit tacuit* (quand la loi a voulu quelque chose, elle l'a dit, quand elle ne l'a pas voulue, elle s'est tue) ; *ubi lex non distinguit, nec nos distinguere debemus* (quand la loi ne distingue pas, nous ne devons pas distinguer)[130].

1.3 L'application ponctuelle de la méthode littérale

Dans les domaines techniques, notamment en matière environnementale, les dispositions pénales contiennent des termes qui n'ont que leur sens technique. La méthode littérale s'avère donc la seule appropriée afin de mieux

---

128 Wilfrid JEANDIDIER, précité, note 126.

129 Emmanuel PIWINICA, *L'interprétation de la loi pénale par le juge*, Actes du Colloque sur le Bicentenaire du Code pénal-1810-2010, du 25 au 26 novembre 2010 , p.194., [en ligne] : https://www.senat.fr/colloques/actes_bicentenaire_code_penal/actes_bicentenaire_code_penal12.html consulté le 6 juillet 2019.

130 Roger MERLE et André VITU, *Traité de droit criminel*, Paris, Cujas, 1997, p.248-249.

traduire la volonté du législateur. La méthode littérale s'applique automatiquement dans les incriminations techniques[131]. Les auteurs donnent l'exemple des articles R 234-18 et suivants du Code du travail interdisant aux employeurs d'utiliser les jeunes travailleurs pour des travaux dangereux ou de les mettre en contact avec certaines substances dangereuses. On pourrait également ajouter la loi n° 2004-800 du 6 août 2004 relative à la bioéthique. Celle-ci aborde divers termes techniques relatifs à la biomédecine, aux droits de la personne confrontée à ses caractéristiques génétiques, au don et à l'utilisation des éléments et produits du corps humain, à la protection juridique des inventions biotechnologiques, à la procréation et à l'embryologie (il y a notamment l'interdiction du clonage reproductif, il y a encadrement de l'assistance médicale à la procréation, la recherche sur l'embryon et les cellules souches embryonnaires et fœtales humaines…)[132]. Cette loi de 2004 contient des incriminations qui concernent les délits d'atteinte à l'espèce humaine intégrée, lesquels ont été au *Code pénal*, notamment le fait de se prêter à un prélèvement de cellules ou de gamètes dans le but de clonage humain le

---

131 Claudia GHICA-LEMARCHAND, *L'interprétation de la loi par le juge pénal,* Colloque sur l'office du juge, 29- 30 septembre 2006, [en ligne] : https://www.senat.fr/colloques/office_du_juge/office_du_juge9.html consulté 22 septembre 2019).

132 Eric DEZEUZE, Le code pénal face aux progrès techniques et scientifiques, Actes du Colloque sur le Bicentenaire du Code pénal-1810-2010, du 25 au 26 novembre 2010, p.194., [en ligne]: https://www.senat.fr/colloques/actes_bicentenaire_code_penal/actes_bicentenaire_code_penal12.html consulté le 6 juillet 2019. On est souvent frappé par le caractère très bref des arrêts de la chambre criminelle de la Cour de cassation : voir Louis BORÉ « L'interprétation des arrêts de la chambre criminelle », dans Frédéric Stasiak (dir), *Histoire et méthodes d'interprétation en droit criminel*, Paris, Dalloz, 2015, p.53.

délit de provocation à ce prélèvement[133]. Il ne fait aucun doute que le terme « gamète » inscrit dans la loi, par exemple, ne peut en principe être entendu que dans son sens littéral.

Section 2. La justification du recours à la méthode finaliste

Avant le revirement dans son attitude à l'égard de la méthode littérale, la Cour de cassation affirmait que « si une erreur s'est glissée dans le texte d'une loi, cette erreur ne saurait être rectifiée par les magistrats, lesquels ne peuvent appliquer que le texte publié [134]. Aujourd'hui, c'est le triomphe de la méthode finaliste dont la justification repose sur trois motifs identifiés par la doctrine et tirés de trois objectifs que la Cour de cassation s'est fixés : « la définition de termes employés par la loi, la détermination du domaine d'application de nombreux textes et l'adaptation du droit aux nécessités de la vie moderne[135] ».

2.1 La définition des termes de la loi

Les exemples ci-dessous montrent qu'en interprétant suivant l'objectif législatif, le juge a la possibilité de déterminer la portée des dispositions du *Code pénal* visées.

Le recel

Se prononçant sur le cas d'un individu ayant pris place dans une automobile qu'il savait volée, la Cour de cassation

---

133 Code pénal, art. 511-1 ; art. 511-1-2 punissent ces actes d'emprisonnement et de fortes amendes.

134 Cass. crim., 11 mars 1831, 1, p. 147, cité par Wilfrid JEANDIDIER, *Droit pénal général*, 2e édition, Paris, Montchestien, 1991, p. 135.

135 Wilfrid JEANDIDIER, précité, note 126, au par. 25.

précise ainsi les termes des dispositions du *Code pénal* en cause : « Sur le moyen unique de cassation : pris de la violation des articles 401, 460 du Code pénal, 485 du Code de procédure pénale, 7 de la loi du 20 avril 1810 ; attendu qu'il résulte des énonciations de l'arrêt attaqué qu'un individu prénommé Roger a pendant la nuit du 6 au 7 juin 1968 soustrait frauduleusement un véhicule automobile en stationnement sur la voie publique appartenant à un sieur Z, pendant que X Louis-Roger, au courant des agissements de son camarade, attendait à proximité ; que ledit X a pris place à bord du véhicule dont il connaissait ainsi la provenance frauduleuse ; qu'il a utilisé cette voiture pour circuler dans Gennevilliers jusqu'à ce que le conducteur, qui en perdit le contrôle, eût occasionné un accident ; attendu qu'en l'état de ces constatations la Cour d'appel a, à bon droit, déclaré X Louis Roger coupable du délit de recel ; qu'en effet l'article 460 du Code pénal, qui est conçu en termes généraux, atteint tous ceux qui en connaissance de cause, ont par un moyen quelconque, bénéficié du produit d'un crime ou d'un délit ; qu'en l'espèce, en se faisant transporter dans une voiture automobile qu'il savait volée, le demandeur a bénéficié personnellement du produit du vol[136] on retient ici que selon une interprétation qui tient compte des objectifs de la loi, "c'est la notion de bénéfice tiré de la chose qui constitue l'essence même du recel[137]" ».

Le vol

La Cour de cassation a précisé que « La détention matérielle d'une chose non accompagnée de la remise de la possession n'est pas exclusive de l'appréhension qui

---

136 Cass. crim., 9 juill. 1970, Bull. crim. 1970, n° 236. https://www.legifrance.gouv.fr/affichJuriJudi.do?idTexte=JURITEXT000007059353 (consulté le 13 septembre .2019).

137 Wilfrid JEANDIDIER, précité, note 126, au par. 28.

constitue l'un des éléments du délit de vol. Il en résulte que se rend coupable de ce délit un préposé qui, détenant matériellement certains documents appartenant à son employeur prend, à des fins personnelles à l'insu et contre le gré du propriétaire, des photocopies de ces documents et qui a ainsi appréhende frauduleusement ces documents pendant le temps nécessaire à leur reproduction [138] ». Donc, est coupable de cette infraction le préposé qui, détenant matériellement certains documents appartenant à son employeur, prend à des fins personnelles, à l'insu du propriétaire, des photocopies de ces documents, appréhendant ceux-ci frauduleusement pendant le temps nécessaire à leur reproduction. La soustraction frauduleuse est donc entendue au sens large, c'est-à-dire sans se limiter à l'enlèvement matériel de la chose contre le gré du propriétaire ou du possesseur. Ainsi, commet également cette infraction la personne qui, après une séparation, refuse de restituer les œuvres d'art appartenant à ce dernier et dont elle a conservé la détention[139].

Le harcèlement moral

L'article 222-33-2 du *Code pénal* punit « le fait de harceler autrui par des agissements répétés ayant pour objet ou pour effet une dégradation des conditions de travail susceptible de porter atteinte à ses droits et à sa dignité, d'altérer sa santé physique ou mentale, ou de compromettre son avenir professionnel ».

Se prononçant sur un arrêt de la Cour d'appel ayant réformé la décision de première instance et acquitté le prévenu des chefs de harcèlement moral, dégradation des conditions de travail pouvant porter atteinte aux droits, à la

---

138 Cass. crim., 8 janv. 1979, Bull. crim. 1979, n° 13.
139 Cass. crim., 8 févr. 1993, Bull. crim. 1993, n° 65.

dignité, à la santé ou à l'avenir professionnel d'autrui, et d'avoir en conséquence débouté les parties civiles de leurs demandes, la Cour casse cet arrêt :

> « aux motifs qu'il est reproché au prévenu de s'être rendu coupable de harcèlement moral sur la personne de M. X..., son supérieur hiérarchique, en dévalorisant de manière régulière son action et en diffusant une image d'incompétence dans son environnement professionnel et auprès des agents de son service en multipliant les refus de se soumettre et les critiques de ses instructions, en adoptant de manière répétée un comportement irrévérencieux et méprisant ; que ces agissements, compte tenu de leur répétition dans le temps, peuvent, certes, avoir eu pour effet de dégrader les conditions de travail au sein du SAST et plus particulièrement celles de M. X..., son chef hiérarchique ; que si la transmission d'un mail obscène ou le fait de venir travailler en short paraissent être des comportements de nature à discréditer leur auteur, ils ne semblent pas pour autant pouvoir porter atteinte à la dignité de leur victime, M. X..., qui avait consciencieusement fait remonter ses manquements à sa hiérarchie ; que lors des événements rappelés, M. X... a, à chaque fois, alerté son propre supérieur hiérarchique et manifesté à plusieurs reprises du désarroi, voire de l'amertume à l'égard de sa hiérarchie ».

Ainsi, « Méconnaît les dispositions de l'article 222-33-2 du *Code pénal* relatives au harcèlement moral la Cour d'appel qui, pour relaxer un prévenu poursuivi de ce chef, retient que les agissements commis doivent avoir nécessairement porté atteinte aux droits et à la dignité de la victime, ou altéré sa santé physique ou mentale, ou encore compromis son avenir professionnel, et que le prévenu, subordonné de la victime, n'avait ni les qualités ni les moyens de compromettre son avenir professionnel[140] ».

La simple possibilité d'une dégradation des conditions de travail de la victime suffit pour le délit de harcèlement moral soit consommé, et le fait que l'individu poursuivi soit le subordonné de la victime n'est pas pertinent[141].

La dénonciation calomnieuse

L'article 226-10 du *Code pénal*, prévoit que « La dénonciation, effectuée par tout moyen et dirigée contre une personne déterminée, d'un fait qui est de nature à entraîner des sanctions judiciaires, administratives ou disciplinaires et que l'on sait totalement ou partiellement inexact, lorsqu'elle est adressée soit à un officier de justice ou de police administrative ou judiciaire, soit à une autorité ayant le pouvoir d'y donner suite ou de saisir l'autorité compétente, soit aux supérieurs hiérarchiques ou à l'employeur de la personne dénoncée est punie de cinq ans d'emprisonnement et de 45 000 euros d'amende ». Comme on peut le voir, la disposition exige que la dénonciation calomnieuse vise une « personne déterminée ». Dans la décision suivante, la Cour de cassation a précisé que la personne dénoncée soit tout simplement identifiable. Il s'agit d'une affaire opposant un associé à ses partenaires d'affaires, qu'il accusait de détournement de fonds. Il venait d'être licencié et sa plainte insinuait que le gérant avait détourné ces fonds. Condamné

140 Cass. crim., 6 déc. 2011, Bull. crim 2011, n° 249 ; voir aussi Crim., 21 juin 2005, Bull. crim. 2005, n° 187. https://www.legifrance.gouv.fr/affichJuriJudi.do?oldAction=rechJuriJudi&idTexte2&fastReqId=468578041&fastPos=94 (le 13 novembre 2019).

141 Wilfrid JEANDIDIER, précité, note 126, au para. 29.

en première instance, il a fait appel jusqu'en cassation et la Cour écrit : « (…) Jean-Claude X... ne peut valablement arguer de sa bonne foi ; que la dénonciation de détournements imaginaires de 800 000 francs par une personne qui avait accès aux comptes de l'entreprise et qui était impliquée dans sa gestion, et ce, deux jours après avoir été licenciée, apparaît manifestement empreinte d'une intention de nuire (...) pour que le délit soit constitué, il faut que, à la date où l'acte de dénonciation a été posé, son auteur ait connu la fausseté des faits portés à la connaissance de l'autorité publique (…) Attendu que le moyen, qui revient à remettre en discussion l'appréciation souveraine, par les juges du fond, des faits et circonstances de la cause, ainsi que des éléments de preuve contradictoirement débattus, dont ils ont déduit, sans insuffisance ni contradiction, l'existence de la mauvaise foi chez le dénonciateur, ne saurait être admis [142]».

Le professeur Jeandidier affirme au sujet de cette justification de la méthode téléologique que « la recherche des objectifs poursuivis par les rédacteurs de la loi n'est nullement paralysée par la lettre de celle-ci. Sans doute, une absence de définition légale est-elle à déplorer dans la mesure où le législateur se repose par trop sur le juge pour déterminer avec précision les éléments constitutifs d'une infraction ; seulement tomber dans l'excès inverse avec des définitions extrêmement précises est un remède pire que le mal, figeant le droit ». Il s'interroge si « L'art de légiférer n'est-il pas alors de prévoir des concepts juridiques suffisamment larges pour ne point vieillir, mais suffisamment concis pour prévenir les excès[143] ».

---

142 Cass. crim., 26 juin 2007, nº 06-82.736, inédit. https://www.legifrance.gouv.fr/affichJuriJudi.do?oldAction=rechJuriJudi&idTexte=JURITEXT0000 07640

143 W. JEANDIDIER, précité, note 126, au para.30.

2.2. La détermination du domaine d'application du texte

Les exemples qui suivent montrent comment la méthode téléologique laisse suffisamment de latitude au juge en lui permettant de déterminer la portée d'une disposition pénale.

L'usage irrégulier de titres

Les anciens articles 262 et 263 du *Code pénal* punissant l'usage irrégulier de titres visaient les sociétés commerciales et financières. Dans une poursuite impliquant une société officiellement sans but lucratif, la Cour déclare : « En ce que l'arrêt attaqué a condamné le demandeur du chef de complicité d'usage irrégulier de titres, en raison de l'indication dans la publicité faite au profit de sociétés civiles, de la qualité de parlementaire du président de la société gérante desdites sociétés ; qu'ainsi, la Cofragim, société dominante et les deux sociétés civiles immobilières, qui dépendent étroitement d'elle, ont formé, dans un intérêt commun, quelles que soient leurs formes juridiques extérieures, un groupe de société à objet commercial et financier, connu sous le nom générique de garantie foncière » ; attendu que la cour énonce enfin que dans le cadre de cette publicité, X… de Y… a laissé figurer sa qualité de parlementaire dans des documents publicitaires diffusés à plusieurs centaines de mille exemplaires et que, pour les motifs que l'arrêt expose, ce prévenu était « pleinement conscient qu'il commettait un délit[144] ». Certes, les sociétés civiles ordinaires ne sont pas concernées par l'article 262 du *Code pénal* qui ne vise que « les fondateurs,

---

144 Cass. crim., 27 juin 1972, Bull. crim. 1972, n° 222. https://www.legifrance.gouv.fr/affichJuriJudi.do?oldAction=rechJuriJudi&idTexte=JURITEXT00000705749(Consulté le 14 septembre 2019).

les directeurs ou gérants de sociétés ou d'établissements à objet commercial, industriel ou financier ». Selon la Cour, « il appartient aux juges de déterminer l'objet réel au sens de l'article 262 susvisé, des sociétés ou des établissements dont les dirigeants ont fait ou laissé figurer le nom d'un parlementaire, avec mention de sa qualité, dans une publicité faite dans l'intérêt des entreprises qu'ils dirigent ou qu'ils se proposent de fonder[145] ».

Le nouvel article 433-18 du *Code pénal* a suivi cette interprétation jurisprudentielle en prévoyant que toute entreprise qui poursuit un but lucratif est visée.

Le viol entre époux

Suite à la réforme du 23 décembre 1980, l'article 332 du *Code pénal* disposait que *« tout acte de pénétration sexuelle, de quelque nature qu'il soit, commis sur la personne d'autrui par violence, contrainte ou surprise, constitue un viol ;* ». La Cour de cassation expose les motifs ci-après dans un cas impliquant deux époux.

> « Attendu qu'il appert de l'arrêt attaqué et des pièces de procédure que X…, époux en instance de divorce de martine Y… se serait présenté, le 3 septembre 1983, au domicile de celle-ci, une ordonnance du juge aux affaires matrimoniales ayant autorisé les époux à avoir une résidence séparée ;
>
> Que, pour partie en présence de leur fils, il aurait exercé des violences sur Martine Y… et, sous la menace d'un couteau, se serait livré à des actes de pénétration sexuelle sur sa personne ;

---

145 Ibid.

Qu'en raison de ces faits, le procureur de la République a requis, le 5 septembre 1983, le juge d'instruction d'informer sur ces faits qualifiés de viol et menaces de mort ;

Que cependant le magistrat instructeur a estimé devoir inculper X... de coups et blessures n'ayant pas entraîné d'incapacité totale de travail supérieure à huit jours avec préméditation ou guet-apens, menaces verbales avec ordre ou condition et outrage public à la pudeur ;

Que sur nouvelles réquisitions du parquet, en date du 12 décembre 1984, tendant à inculper X... de viol et continuer l'information suivant la procédure criminelle, le juge d'instruction, par ordonnance du 15 décembre 1983, a refusé de faire droit auxdites réquisitions ;

Attendu que, saisie sur appel du ministère public, la chambre d'accusation, pour confirmer l'ordonnance entreprise, retient que le mariage des époux X... n'étant pas dissous il convient, pour assurer une répression "adéquate" des faits poursuivis, de mettre davantage l'accent sur les violences physiques exercées plutôt que sur l'atteinte portée à la liberté du consentement de la victime ;

Mais attendu qu'en l'état de leurs constatations et énonciations d'où il résulte qu'à supposer les faits établis, l'inculpé se serait livré a des actes de pénétration sexuelle par contrainte ou violence sur Martine Y... , les juges ont caractérisé les éléments constitutifs du crime de viol et méconnu les principes sus énoncés ;

> Que dès lors, l'arrêt attaqué, qui ne pouvait sans se contredire statuer comme il l'a fait, encourt la cassation[146] ».

Cet arrêt a marqué une rupture avec le passé alors que l'on considérait qu'en tenant compte des fins légitimes du mariage, les relations sexuelles imposées à la femme ne pouvaient pas être qualifiées de viol. Bien que certains auteurs aient dénoncé cette interprétation, considérant qu'il y a incompatibilité entre la qualité de mari et de violeur[147], d'autres considèrent que « l'objectif fondamental de la loi du 23 décembre 1980 a été de protéger le consentement de la victime, quels que soient ses liens avec l'agent. Aussi bien, l'interprétation de la Cour de cassation a-t-elle su allier le respect de la lettre de la loi et celui de son esprit[148] ». Cette jurisprudence a été suivie dans les arrêts subséquents[149]. Le nouvel article 222-22 du *Code pénal* prévoit désormais à son alinéa 2 que « le viol et les autres agressions sexuelles sont constitués lorsqu'ils ont été imposés à la victime dans les circonstances prévues par la présente section, quelle que soit la nature des relations existant entre l'agresseur et sa victime, y compris s'ils sont unis par les liens du mariage ».

---

146 Cass. crim., 17 juill. 1984, Bull. crim. 1984, n° 260 ; voir aussi Cass. crim., 19 mars 1910 : Bull. crim. 1910, n° 153, qui écartait toute possibilité de viol dans le mariage.https://www.legifrance.gouv.fr/affichJuriJudi.do?oldAction=rechJuriJudi&idTexte=JURITEXT000007062928&fastReqId=2037258625&fastPos=13 (consulté le 14 septembre 2019).

147 André Vitu, *droit pénal spécial*, Paris, Cujas, 1982, au para. 1853, cité par W. JENDIDIER, précité, note 126, au para. 33.

148 Ibid.

149 Cass. crim., 5 sept. 1990, Bull. crim. 1990, n° 313 ; Cass. crim., 11 juin 1992, Bull. crim. 1992, n° 232.

L'abus de confiance et le vol

Alors que l'article 314-1 du *Code pénal* portant sur l'abus de confiance concerne le détournement d'« *un bien quelconque* », la Cour de cassation a décidé que ces mots ne visent pas seulement les biens corporels. Ainsi, dans un cas d'utilisation du numéro d'une carte bancaire, la Cour écrit : « Attendu que pour le déclarer coupable d'abus de confiance, les juges d'appel retiennent qu'en conservant le numéro de la carte et l'autorisation de prélèvement, et en les remettant à une entreprise sous-traitante, alors qu'il ne pouvait ignorer que cette autorisation était périmée, Bernard X... a détourné cette autorisation, laquelle constitue une valeur patrimoniale ; attendu qu'en l'état de ces motifs, d'où il résulte que le prévenu a, en connaissance de cause, détourné le numéro de la carte bancaire communiqué par la cliente pour le seul paiement de sa commande et, par là même, n'en a pas fait l'usage convenu entre les parties, la cour d'appel a caractérisé en tous ses éléments, tant matériels, qu'intentionnel, le délit d'abus de confiance dont elle a déclaré le prévenu coupable ; Qu'en effet, les dispositions de l'article 314-1 du Code pénal s'appliquent à un bien quelconque et non pas seulement à un bien corporel[150] ».

---

[150] Cass. crim., 14 nov. 2000, Bull. crim. 2000, n° 338 ; Voir également Cass. crim., 19 mai 2004, Bull. crim. 2004, n° 126 (vol d'une connexion internet) ; Cass. crim., 22 sept. 2004,Bull. crim. 2004, n° 218 (vol d'un projet de borne informatique) ; Cass. crim., 16 nov. 2011, n° 10-87.866 (informations relatives à la clientèle d'une entreprise) ; vol d'un bien incorporel soit le contenu d'une disquettes :Cass. crim., 12 janv. 1989, Bull. crim. 1989, n° 14 ; vol des données comptables et commerciales : Cass. crim., 1er mars 1989, Bull. crim. 1989, n° 100.

La mise en danger d'autrui

Le délit de mise en danger d'autrui est prévu par l'article 223-1 du *Code pénal* qui dispose que « Le fait d'exposer directement autrui à un risque immédiat de mort ou de blessures de nature à entraîner une mutilation ou une infirmité permanente par la violation manifestement délibérée d'une obligation particulière de sécurité ou de prudence imposée par la loi ou le règlement est puni d'un an d'emprisonnement et de 15000 euros d'amende ». Dans un cas de manœuvre dangereuse exécutée par le passager d'un véhicule, la Cour de cassation a décidé que cet article s'applique non seulement au conducteur d'un véhicule, mais à un passager. La Cour écrit :

> « Attendu que, pour déclarer Kévin X... coupable de mise en danger d'autrui par la violation manifestement délibérée d'une obligation de sécurité ou de prudence imposée par la loi ou le règlement, en l'espèce en tirant volontairement le frein à main d'un véhicule en mouvement, l'arrêt attaqué énonce que le prévenu, passager d'une voiture qui effectuait le dépassement d'un camion sur une voie rapide urbaine, a soudainement tiré le frein du véhicule, provoquant une collision avec le camion dépassé puis l'arrêt brutal de la voiture sur la partie gauche de la voie, sans que les autres usagers aient pu être avertis de cette manœuvre ; que les juges ajoutent qu'en prenant au moins pour partie le contrôle de la conduite du véhicule dans laquelle il s'est immiscé, le prévenu a exposé directement autrui à un risque immédiat de mort ou de blessures graves par la violation manifestement délibérée d'une obligation particulière de sécurité ou de prudence relative, notamment, à l'arrêt ou au stationnement gênant sur une voie rapide urbaine ;

> Attendu qu'en prononçant ainsi la cour d'appel a justifié sa décision, dès lors qu'en agissant de la sorte le prévenu s'est comporté en conducteur de fait[151] ».

Cette affaire ressemble drôlement à l'arrêt *R. c. Bélanger,* analysé plus haut, dans lequel la Cour suprême du Canada a considéré, dans les circonstances similaires de conduite impliquant un passager d'une voiture de police, que celui-ci avait agi en conducteur lorsqu'il a fait des manœuvres qui ont fait basculer le véhicule et causé un accident. La différence au niveau interprétatif réside dans le fait les juges, tant majoritaires que minoritaires, avaient choisi une analyse basée sur l'interprétation littérale du mot « conducteur », mais non sans y ajouter des arguments finalistes.

La non-assistance à personne en danger

L'affaire du livre « *Suicide : mode d'emploi* » concerne la parution d'un livre dans lequel l'auteur expose aux lecteurs certaines méthodes pour se suicider, un jeune souffrant de dépression s'est suicidé en utilisant la méthode préconisée par l'auteur du livre et après avoir échangé avec ce dernier par lettres. Il est condamné pour non-assistance à personne en danger, décision confirmée par la Cour de cassation, qui écrit :

> « Attendu que l'arrêt attaqué et le jugement auquel il se réfère constatent que souffrant d'une grave dépression nerveuse, Y... s'est par deux fois adressé aux auteurs du livre "Suicide mode

---

151 Cass. crim., 22 juin 2005, Bull. crim. 2005, n° 192. ; Sur la mise en danger d'autrui, voir aussi Cass.crim., 19 avril 2017, nº 16-80695 (la probabilité de développer une maladie dans 30 jours suffit) ; Cass.crim.,12 mai 2015,. Bull. crim. 2015, n° 104.

d'emploi" pour leur demander d'abord des précisions sur certaines des méthodes décrites dans l'ouvrage, ensuite sur la dose mortelle d'un médicament cité dans le livre et qu'on venait de lui prescrire ; que X..., l'un des auteurs, a répondu en indiquant la première fois qu'il préconisait l'intoxication médicamenteuse comme étant la plus susceptible de procurer une mort douce, la seconde fois en précisant la quantité de comprimés à absorber ; que quelque temps plus tard Y... se donnait la mort par absorption massive dudit médicament ; que la cour d'appel relève ensuite que dès réception de la première lettre dans laquelle Y... faisait part de son désespoir et de sa pensée profonde de disparaître, X...était avisé du risque de mort encouru par son correspondant, qu'au reçu de la seconde lettre traduisant la volonté persistante de celui-ci et son attente de renseignement sur les moyens d'aboutir au suicide à l'aide du médicament à lui prescrire, le prévenu ne pouvait douter de la détermination du signataire des lettres dont la lecture était suffisante pour lui faire prendre conscience de l'imminence du danger ; qu'à l'évidence une intervention immédiate était nécessaire pour prévenir le péril mortel constant et imminent couru par Y... dont l'état de détresse et la fragilité psychique lui étaient connus ; que les juges énoncent enfin qu'il était possible à X...soit d'user de l'influence qu'il pouvait avoir sur cet être faible pour le dissuader, soit d'alerter une association de prévention ; que non seulement il s'est abstenu de provoquer toute aide et de tenter de conjurer le péril, mais encore en fournissant au désespéré les renseignements demandés, il lui a permis de mettre son projet à exécution ; qu'un tel comportement témoigne de sa volonté de ne pas porter assistance à une personne qu'il savait en danger[152] ».

Selon les juges, les conditions d'application l'article 63, alinéa 2, du *Code pénal* sont réunies : il y avait péril constant et connu de l'auteur de l'ouvrage, qui n'a pas porté d'assistance. Selon la doctrine, « la qualification pénale soulevait une difficulté d'interprétation. Stricto sensu, le texte incriminateur vise exclusivement une abstention de porter secours illustrée par l'appellation même du délit. Pourtant, les juges ont choisi de réprimer le comportement de l'auteur en considérant que la loi définissant le délit pouvait aussi s'appliquer à une action positive ayant le même résultat que l'abstention, l'absence de secours. Cette interprétation est originale en droit pénal. L'assimilation des abstentions aux actions est traditionnellement interdite en droit pénal (…) le juge s'affranchit de cette limite par l'intermédiaire de la recherche téléologique et punit les comportements positifs dans le cadre des infractions d'omission[153] ».

2.3 L'adaptation du droit à l'évolution de la société

La méthode téléologique permet également d'actualiser les textes en les adaptant à des situations non prévues par le législateur au moment de l'adoption de la loi.

Le législateur et le vol d'électricité

Alors que l'article 379 du *Code pénal* ne prévoyait pas expressément le cas de l'électricité comme étant une chose susceptible d'être soutirée frauduleusement, la Cour de

152 Crim.26 avril 1988, Bull. Crim. 1988, no 178.

153 C. GHICA-LEMARCHAND, précité, note 131.

cassation avait, dans quelques décisions, considéré que cette disposition pouvait s'appliquer à l'électricité comme chose pouvant faire l'objet de vol. Ce fut le cas lorsqu'elle a maintenu la décision de la Cour d'appel qui avait déclaré « le demandeur coupable de vol d'électricité pour avoir établi un branchement clandestin en amont du compteur électrique qui dessert son installation [154] ». Ces décisions ont fait que législateur a fini par édicter une disposition spécifique en ce sens, soit l'article 311-2 du *Code pénal*.

D'autres illustrations

La doctrine récente [155] fait régulièrement référence à certaines décisions qui, bien que datant déjà de plusieurs années, constituent de la jurisprudence constante et illustrent le recours à la méthode téléologique en vue d'adapter la législation à l'évolution sociale.

Alors que *la loi du 29 juillet 1881* punissait la diffamation publique par les journaux, les affiches ou lors d'une réunion publique, la Cour de cassation a appliqué cette loi à la diffamation par la radio et le cinéma[156].

Alors que la *loi du 21 juillet 1856* visait la réglementation de la circulation du bateau à vapeur, la Cour de cassation l'a appliquée également au bateau à moteur diesel[157]. Les disques phonographiques sont, selon la Cour de cassation, considérés comme des imprimés au sens de l'article 23 de la loi du 29 juillet 1881 sur la presse[158].

---

154 Cass, crim, 10 avril 1964, Bull. crim.1964 n° 108, voir aussi Cass. crim., 3 août 1912 : S. 1913, 1, p. 337, Inédit.

155 Notamment le professeur Wilfrid JEANDIDIER, précité, note 126.

156 Cass. crim., 5 févr. 1970, Bull. crim. 1970, n° 53.

157 Cass. crim., 1er avr. 1965, Bull. crim. 1965, n° 106.

158 Cass. crim., 14 janv. 1971, Bull. crim. 1971, n° 14.

Malgré les avantages que l'on attribue à la méthode téléologique, certains pensent qu'elle peut entraîner certains dérapages. Comme l'affirme Wilfrid Jeandidier, « de serviteur du texte, le juge peut se muer insensiblement en coauteur, corédacteur. Certes, la lettre de la loi ne saurait être ouvertement contrecarrée ou bafouée ; mais ce seul interdit une fois posé, le juge a pratiquement toute latitude (…) L'immense avantage de l'interprétation téléologique est d'éviter le vieillissement prématuré des textes, en les adaptant à l'évolution technologique notamment. Ainsi le juge doit même essayer d'imaginer la réaction des auteurs du texte s'ils avaient eu connaissance de toutes les données apparues depuis (…) tout est bon : travaux préparatoires, renseignements historiques, économiques, politiques, scientifiques, etc. (...) les limites de la méthode téléologique qui peine finalement à s'émanciper de tout lien avec la méthode analogique. Trop audacieuse, l'interprétation téléologique est vite taxée d'interprétation analogique. Trop timorée, elle n'est qu'un refus de cette même analogie défavorable à la personne poursuivie[159] ».

---

[159] W. JEANDIDIER, précité, note 126. ; Voir également David DECHENAUD : « interprétation téléologique ou interprétation par analogie ? », dans Frédéric Stasiak (dir), *Histoire et méthodes d'interprétation en droit criminel*, Paris, Dalloz, 2015, p. 137.

CHAPITRE III.

LE RECOURS AUX ARGUMENTS TÉLÉOLOGIQUES EN DROIT PÉNAL CANADIEN

L'étude de la jurisprudence canadienne révèle qu'en général, la recherche du sens des mots au regard de l'objectif législatif est une étape secondaire, particulièrement lorsque l'interprétation littérale heurte l'intention du législateur. La Cour peut également y recourir afin de renforcer par des arguments finalistes, ce dont elle est normalement déjà convaincue à partir de la méthode littérale. Cette approche est sans doute tributaire du modèle de Driedger.[160]

Section 1. L'influence de Driedger

Comme nous l'avons montré plus haut, la méthode préconisée par le professeur Driedger étant une approche

---

160 La loi d'interprétation (L.R.C. 1985, c. I-21, art. 12.) prévoit que « tout texte est censé apporter une solution de droit et s'interprète de la manière la plus équitable et la plus large qui soit compatible avec la réalisation de son objet ». Mais on s'interroge si la disposition vise aussi le droit pénal. Selon le professeur P.-A. COTÉ, compte tenu du terme « tout texte », elle serait applicable au droit pénal : précité, note 1, p.552. En note de bas de page. Sur la nécessité de rechercher l'objectif pour ne pas heurter l'intention du législateur, voir R.c. Moyer, [1994] 2 R.C.S. 899.

globale synthétisant différents modèles interprétatifs, elle constitue par sa formulation le siège des arguments téléologiques. Ainsi, même si les termes d'une loi doivent s'interpréter selon le sens grammatical et ordinaire, ce dernier doit toutefois être en harmonie avec l'économie, l'objet de la loi et l'intention du législateur[161]. Plaxton estime d'ailleurs que

> « There is, however, a question hanging over the orthodox approach deserving some attention. I have suggested that the courts' approach to substantive criminal law reflects bedrock constitutional principles such as parliamentary sovereignty and the separation of powers. The thoughtful critic may well ask why, if that is so, courts do not place even more emphasis on legislative purpose than they do. Selon l'auteur, (…) the modern approach to interpretation puts a premium on the text of the statute, and not only (or even mainly) the legislative purposes that animated its enactment. Why place such an emphasis on text? Why not look exclusively to legislative purpose? Wouldn't that demonstrate more respect for our democratically representative institution than an interpretive technique that arguably fetishizes the words that drafters happened to use?[162] ».

Kent Roach ajoute pour sa part que même l'application du principe d'interprétation restrictive ne devrait intervenir qu'après une analyse téléologique : a criminal law should first be given a purposive reading and the doctrine of

---

161 Précité, note 104.

162 M. PLAXTON, précité, note 39, p. 95-96.

restrictive construction if there are still reasonnable ambiguities after such a broad interpretation[163].

Il ressort des arrêts étudiés ci-dessous que dans certains cas, la Cour, au lieu de se limiter à l'interprétation selon le sens grammatical et ordinaire des mots, va au-delà pour inclure des éléments téléologiques. Cela illustre bien l'influence de l'approche moderne de Driedger.

Section 2. Quelques illustrations jurisprudentielles

L'affaire Jarvis[164]

M. Jarvis, un professeur d'anglais dans une école secondaire, a filmé des élèves de sexe féminin au moyen d'une caméra dissimulée dans un stylo. Il a commis cet acte à l'insu des victimes alors que ces dernières participaient à des activités scolaires dans les zones communes de l'école. Les vidéos produites mettaient en exergue le visage, le haut du corps et la poitrine, le tout en contravention de la politique du conseil scolaire en vigueur. Le professeur a été inculpé de voyeurisme en vertu de l'alinéa 162(1) c) du *Code criminel*[165]. Deux questions sont en litige : les élèves filmées par l'accusé se trouvaient-elles dans des circonstances pour lesquelles il existe une attente raisonnable de protection en matière de vie privée, et l'accusé a-t-il produit les enregistrements dans un but sexuel ? Après avoir répondu par l'affirmative à la première

---

163 K. ROACH, précité, note 37, p. 92.

164 R. c. Jarvis, 2019 C.S.C. 10.

165 Selon cette disposition, commet l'infraction de voyeurisme quiconque, subrepticement, observe une personne — ou produit un enregistrement visuel d'une personne — se trouvant dans des circonstances pour lesquelles il existe une attente raisonnable de protection en matière de vie privée, et le fait dans un but sexuel.

question, le juge du procès a néanmoins acquitté l'accusé parce qu'à son avis, les enregistrements n'avaient pas été produits dans un but sexuel. La Cour d'appel a confirmé l'acquittement, mais en inversant les motifs. Selon elle, l'accusé a produit les enregistrements dans un but sexuel, mais il n'existait pas une attente raisonnable de protection en matière de vie privée[166]. La Cour Suprême a cassé l'arrêt de la Cour d'appel dans une décision qui se fonde non seulement sur le sens ordinaire et « naturel » de l'expression « circonstances pour lesquelles il existe une attente raisonnable de protection en matière de vie privée », du mot « public » et de « vie privée » [167]; mais également sur le contexte de l'adoption de la disposition en cause ainsi que l'objectif législatif.

Selon la Cour suprême, « l'interprétation (...) de l'exigence du par. 162(1) que la personne observée ou filmée se trouve dans des « circonstances pour lesquelles il existe une attente raisonnable de protection en matière de vie privée » est celle qui s'harmonise le mieux avec le libellé, le contexte et l'objet de cette disposition[168] ». Pour renforcer sa thèse de condamnation du professeur inculpé et bien qu'elle se soit attardée sur le sens ordinaire et grammatical des mots utilisés par le législateur, la Cour insiste sur l'objectif de la loi en ces termes : « le fait qu'un important aspect de l'objectif du par. 162(1) est de protéger les personnes, et surtout les personnes vulnérables, de l'exploitation sexuelle milite à l'encontre de l'interprétation

---

166 R.c. Jarvis 2017 ONCA 778, 139 O.R. (3d) 754.

167 Précité, note 164, aux para. 39-41.; voir aussi R. c. Proulx, [2000] 1 R.C.S. 61 ; R. c. Edwards, [1996] 1 R.C.S. 128 ; Schreiber c. Canada (Procureur général), [1998] 1 R.C.S. 841 ; R. c. Wong, [1990] 3 R.C.S. 36 ; R. c. Wise, [1992] 1 R.C.S. 527; R. c. Mills, [1999] 3 R.C.S. 668 ; R. c. Spencer, 2014, [2014] 2 R.C.S. 212 ; R. c. Quesnelle, [2014] 2 R.C.S. 390.

168 R. c. Jarvis, précité 164, au para. 39.

étroite de l'expression « circonstances pour lesquelles il existe une attente raisonnable de protection en matière de vie privée » privilégiée par M. Jarvis et de celle adoptée par les juges majoritaires de la Cour d'appel. Comme je l'ai expliqué précédemment, si on concluait qu'une attente raisonnable de protection en matière de vie privée peut uniquement exister lorsqu'une personne se trouve dans un lieu traditionnellement privé ou quasi-privé d'où elle peut exclure d'autres personnes, on ne laisserait qu'un rôle minime à l'al. b) et on évacuerait complètement l'al. c) du par. 162(1)[169] ».

Il est important de souligner que la Cour a recouru à l'historique de la disposition en cause afin d'identifier l'objectif du législateur. Cet extrait de l'arrêt est éloquent :

« Le paragraphe 162(1) a été intégré au Code criminel dans le cadre du projet de loi C-2, Loi modifiant le Code criminel (protection des enfants et d'autres personnes vulnérables) et la Loi sur la preuve au Canada, 38e lég., 1ère sess., 2004-2005 (sanctionnée le 20 juillet 2005). Le processus législatif conduisant à l'adoption de cette disposition ainsi que le texte du projet de loi C-2 lui-même confirment que l'objet de l'art. 162 est de protéger la vie privée et de l'intégrité sexuelle des personnes. Un document de consultation préparé en 2002 par le gouvernement fédéral en vue d'une consultation publique au sujet de l'introduction d'une nouvelle infraction de voyeurisme jette un éclairage sur ce qui est à l'origine de la réforme législative ayant finalement conduit à l'adoption de l'art. 162 en 2005. Le document confirme que la réforme était motivée par la crainte que les technologies en effervescence soient utilisées de façon abusive pour visionner ou filmer

169 Ibid.au para. 51.

secrètement des personnes dans un but sexuel et de manière à porter grandement atteinte à la vie privée (…) [170]».

Il ne faut donc pas, compte tenu de cet objectif législatif qui consiste à protéger les personnes vulnérables de l'exploitation sexuelle, interpréter de façon étroite l'expression « circonstances pour lesquelles il existe une attente raisonnable de protection en matière de vie privée ». Appliqué tel que le proposait l'accusée, le paragraphe 162(1) serait vidé de sa substance, car, comme le signale la Cour, il ne permettrait pas de punir des comportements comme l'enregistrement d'activités sexuelles sans le consentement du partenaire et la diffusion subséquente de l'enregistrement, ce qui serait un non-sens[171].

L'affaire Lohnes[172]

Monsieur Lohnes a été accusé d'avoir commis l'infraction de tapage en employant un langage insultant ou obscène. Le sous-alinéa. 175(1) a) (i) du *Code criminel* interdit cet acte en ces termes :

> *(1) Est coupable d'une infraction punissable sur déclaration de culpabilité par procédure sommaire quiconque, selon le cas :*
>
> *a) n'étant pas dans une maison d'habitation, fait du tapage dans un endroit public ou près d'un tel endroit :*
>
> *(i)soit en se battant, en criant, vociférant, jurant, chantant ou employant un langage insultant ou obscène.*

---

170 Ibid.

171 Ibid., au para 52.

172 R. c. Lohnes, [1992] 1 R.C.S. 171.

Selon les faits, l'accusé avait crié des obscénités à son voisin d'en face à deux reprises. Au procès, aucun élément de preuve autre que le témoignage de la voisine-plaignante n'a été présenté. Le juge du procès a déclaré l'accusé coupable. Il a également conclu que la conduite de l'accusé avait « dérangé » le voisin. La Cour d'appel en matière de poursuites sommaires a confirmé les déclarations de culpabilité. L'autorisation d'interjeter appel de cette décision n'a pas été accordée par la Cour d'appel. La seule question en litige devant la Cour suprême est de savoir si selon la preuve, le langage insultant et obscène de l'accusé « a causé du "tapage" dans un endroit public ou près d'un tel endroit[173]. » La Cour suprême a annulé les déclarations de culpabilité. La Cour écrit : « le contexte dans lequel se trouve le terme "tapage" (disturbance) à l'al. 175(1)a) laisse entendre que le législateur n'avait pas l'intention de protéger la société contre un simple trouble émotif. Si le législateur avait voulu protéger la société contre la contrariété et l'angoisse, la disposition ne viserait pas que les actes accomplis dans un endroit public ou près d'un tel endroit et n'énumérerait pas certaines formes de conduite répréhensible -- un bon nombre d'autres types de conduite nous dérangent. Le législateur aurait pu expressément prévoir une protection contre le trouble émotif (emotional disturbance), mais (…) le législateur a choisi de parler de faire du tapage dans un endroit public ou près d'un tel endroit et non de troubler la tranquillité d'esprit d'une personne. En abordant le "tapage" dans le contexte public, le législateur a indiqué que son objectif n'était pas de protéger les personnes contre tout trouble émotif, mais de protéger le public contre le désordre destiné à entraver ses activités normales (…). Bref, le législateur se préoccupait de savoir de quelle manière des membres du public autres que l'accusé peuvent avoir été touchés par l'acte reproché.

---

173 Ibid.

Selon les outils d'interprétation, l'alinéa. 175(1) a) vise le désordre manifesté publiquement. (…) les rubriques et les préambules peuvent servir intrinsèquement à interpréter les lois ambiguës. L'alinéa 175(1) a) figure dans la section intitulée "Inconduite". Sans accorder aux rubriques une importance déterminante, la rubrique sous laquelle figure l'alinéa. 175(1) a) paraît appuyer l'opinion selon laquelle le législateur avait à l'esprit non pas le bouleversement émotif ou la contrariété de personnes, mais le désordre et l'agitation qui entravent l'utilisation ordinaire d'un endroit [174] ». La Cour insiste ici sur le contexte de la disposition et l'objectif législatif après avoir néanmoins déterminé le sens grammatical et ordinaire du mot « tapage »[175].

L'affaire Hasselwander[176]

Monsieur Hasselwander s'est vu confisquer son arme à feu semi-automatique par l'ordonnance d'un juge de la Cour provinciale de l'Ontario au motif que cette arme pouvait être facilement transformée en arme entièrement automatique. Selon le juge, comme prévu par l'article 84(1) du Code criminel, l'arme « pouva[i]t tirer rapidement plusieurs balles pendant la durée d'une seule pression sur la détente ». Il s'agissait donc d'une « arme prohibée ». La Cour de district de l'Ontario a maintenu l'ordonnance de confiscation, cependant la Cour d'appel a accueilli l'appel de l'intimé en concluant que le mot « pouvant » signifie « pouvant dans son état actuel » et non en fonction d'une possibilité d'adaptation de l'arme. La Cour suprême, après avoir analysé le sens du verbe « pouvoir » selon *Le Grand Robert de la langue française*, s'est tournée vers le but de

---

174 Ibid. p. 178,179.
175 Ibid. p. 174,178.
176 Précité, note 25.

la disposition pour conclure que l'arme de l'intimé doit être classée comme une arme prohibée. Selon la Cour, « Ces armes sont conçues dans le but de tuer et de mutiler un grand nombre de personnes de façon rapide et efficace. Elles ne servent à rien d'autre. Elles ne sont pas conçues pour chasser des animaux, mais des hommes. Elles ne sont pas conçues pour vérifier l'habileté et la précision d'un tireur d'élite. Leur seule fonction est de tuer des gens. Ces armes ne sont d'aucune valeur pour le chasseur ou le tireur d'élite. Elles ne devraient donc être utilisées que par les forces armées et, dans certains cas, par les forces policières. Il ne fait aucun doute qu'elles présentent une menace telle qu'elles constituent un danger réel et actuel pour tous les Canadiens. Il y a une bonne raison d'interdire leur usage compte tenu de la menace qu'elles présentent et de l'usage restreint auquel elles peuvent servir. Leur interdiction assure une plus grande sécurité à la société (...) Les armes automatiques ou celles qui peuvent être transformées facilement et rapidement en armes automatiques peuvent entraîner tellement de meurtres, et même des tueries, que leur possession peut, à bon droit, avoir pour conséquence l'emprisonnement. C'est à cause du caractère potentiellement létal des armes prohibées que la définition qui en est donnée exige une interprétation raisonnable fondée sur le libellé de l'article et sur le but ou l'objet de la loi[177] ».

L'affaire Daoust[178]

Il s'agit ici de l'interprétation d'un texte de loi bilingue portant sur l'infraction de recyclage des produits de la criminalité. En effet, deux commerçants sont poursuivis

---

177 Ibid. 414,417.

178 R. c. Daoust, (2004] 1 R.C.S. 217.; voir aussi R. c. Sharpe, [2001] 1 R.C.S. 45 ; Morozuk c. La Reine, [1986] 1 R.C.S. 31.

pour avoir « de quelque façon que ce soit, en transférant la possession de biens, dans l'intention de les cacher et de les convertir sachant ou croyant qu'ils ont été obtenus en totalité ou en partie directement ou indirectement, soit de la perpétration, au Canada, d'une infraction de criminalité organisée ou d'une infraction désignée, commettant ainsi l'acte criminel prévu à l'article 462.31 (1)a) du Code criminel ». Il leur est reproché d'avoir, à quatre reprises, acheté des biens « volés », suite à un stratagème mis en place par la Police de la ville de Québec qui les soupçonnait de vendre de la marchandise volée. Le juge du procès les a déclarés coupables de recyclage des produits de la criminalité, mais la Cour d'appel a annulé les déclarations de culpabilité au motif que l'*actus reus* de l'infraction n'a pas été établi. La Cour suprême rejette le pourvoi en recourant aux arguments téléologiques ainsi qu'aux règles d'interprétation des lois bilingues.

La haute juridiction commence par constater que les versions anglaise et française de l'article. 462.31 du *Code criminel* ne sont pas identiques, considérant l'omission de l'expression « or otherwise deals with » dans la version française, laquelle se limite à l'énumération des actes prohibés, soit « utilise, enlève, envoie, livre à une personne ou à un endroit, transporte, modifie ou aliène des biens ou leurs produits - ou en transfère la possession - ». La Cour écrit : « Même si l'historique de la loi révèle que la version anglaise reflète l'intention réelle du Parlement, cette version ne peut pas être adoptée. Le seul historique de la loi n'autorise pas la Cour à modifier un texte clair ou à l'éviter complètement. Les règles d'interprétation contextuelle ne permettent pas non plus d'ajouter au texte d'une loi pénale des mots qui auraient pour effet d'en élargir la portée[179] ». Elle considère qu'en application des règles d'interprétation

---

179 Ibid. 222.

bilingues, les deux versions du texte de loi étant claires, mais inconciliables, on doit privilégier le sens commun aux deux versions et c'est celui de la version française qu'il faut retenir parce qu'elle est restreinte[180].

Par conséquent, l'interprétation de la version française du texte n'a pas permis à la Cour de conclure que l'actus reus de l'infraction telle que décrite à l'acte d'accusation est établie. La Cour déclare que « En se fondant sur la version française de l'art. 462.31, la poursuite était limitée quant à l'actus reus qu'elle pouvait reprocher aux intimés, car cette version, à sa face même, limite l'élément matériel de l'infraction aux choses qui y sont énumérées (...) Étant donné que la poursuite a choisi de reprocher aux intimés le « transfert de possession », ceux-ci soutiennent qu'elle doit prouver que l'infraction a été commise par ce moyen et non un autre [181]».

La Cour fait remarquer que les actes énumérés à l'article 462.31 sont de nature unilatérale, notamment le « transfert de possession ». Il faut donc avoir le contrôle du bien et essayer de le passer à une autre personne. Du point de vue de la Cour, cette interprétation est compatible avec le sens ordinaire du mot « transfert », qui signifie l'« [a]cte par lequel une personne transmet un droit à une autre » et selon Le nouveau Petit Robert (2002) « [t]ransmission d'un droit d'un titulaire à un autre ». Les gestes criminalisés par cette disposition visent tous la même personne, soit celle qui, à l'origine, a l'objet en sa possession et cherche à s'en défaire. L'achat ou la réception de biens ne constituent pas des éléments de l'infraction de recyclage des produits de la criminalité au sens de l'article 462.31[182].

---

180 Ibid.

181 Ibid. 228.

182 Ibid. 238.

Enfin, l'élément moral, incarné par le terme « convertir » n'exige pas une intention de dissimuler. Les mots « cacher » et « convertir » sont des termes distincts qui ont des sens différents ; ils ne devraient pas être lus ensemble. Il faut donner au terme « convertir » son sens ordinaire et littéral. Le choix de mots du législateur est révélateur de son intention d'interdire la « conversion » pure et simple afin de s'assurer que ceux qui convertissent des biens qu'ils savent ou croient être de provenance criminelle, peu importe s'ils tentent ou non de le cacher, ne puissent en profiter[183]. La Cour nous dit que n'eut été le fait que les arrestations sont intervenues dans le cadre d'une infiltration policière, c'est l'individu qui fait le transfert qui aurait dû être arrêté, inculpé et condamné, le cas échéant.

Il ressort des décisions présentées ci-dessus que la Cour suprême recourt beaucoup à la méthode téléologique, mais non sans avoir d'abord utilisé la méthode littérale. Elle le fait lorsqu'elle fait face à l'une des deux situations suivantes : l'interprétation selon le sens ordinaire est manifestement contraire à l'intention du législateur ou heurte clairement sa volonté, ou l'ajout des arguments téléologiques à l'approche littérale renforce la position de la Cour et, du même coup, permet de respecter le schéma de Driedger.

183 Ibid. 241-242.

CHAPITRE IV

APERÇU DES POINTS DE CONVERGENCE ENTRE LES DEUX SYSTÈMES

Comme nous l'avons analysé, il y a certes l'abandon de l'interprétation textuelle par le juge français au profit de la méthode finaliste et la consécration, à travers le modèle de Driedger, de la première comme approche de base au Canada. La pratique interprétative des deux systèmes révèle des similitudes que nous résumons ci-dessous à travers le principe de l'interprétation stricte et le contextualisme.

Section 1. L'interprétation stricte de la loi pénale

Étant donné leur vocation à affecter les libertés fondamentales, on considère que les lois pénales sont présumées d'interprétation stricte. Cette assertion est vraie aussi bien en droit français qu'en droit canadien. Ainsi, au Canada, nous l'avons vu, ce principe veut qu'en cas d'ambiguïté de la norme applicable, la solution favorable à l'accusée soit retenue. Il s'agit donc d'une présomption d'intention du législateur. Le juge utilise normalement un argument pragmatique afin de favoriser une portée limitée d'une norme qui porte atteinte aux droits et libertés[184].

---

[184] P.-A. COTÉ, précité, note 1, p. 540. ; Charte canadienne des droits et libertés, Partie I de la Loi constitutionnelle de 1982, constituant l'annexe B de la Loi de 1982 sur le Canada (R.U.),

En droit français, c'est l'article 111-4 du *Code pénal* qui énonce le principe d'interprétation stricte de la loi pénale. Ce principe est considéré comme une émanation naturelle du principe de légalité. Les professeurs Merle et Vitu enseignent qu'Interpréter « strictement », c'est s'en tenir aux frontières des textes. Interpréter strictement, c'est même, selon eux, faire prévaloir la méthode téléologique[185]. On peut donc comprendre par là que le terme strict est impropre. Ainsi, selon certains, le terme « stricte » serait impropre parce que la loi pénale est plutôt déclarative et le juge doit tirer toutes les conséquences que le législateur entend y rattacher, rien de plus, mais rien de moins. Les juges se livrent pour cela à une analyse minutieuse des textes répressifs. Toutefois, il y a prohibition du raisonnement par analogie en matière d'incrimination et de peine[186], compte tenu du risque de voir le juge devenir créateur des crimes et des peines. Le juge doit plutôt recourir à la méthode téléologique, particulièrement lorsqu'il est face à un texte obscur du genre « il est interdit de ne rien laver dans le bassin sous peine d'amende »[187]. Il y a lieu de présumer ici que si l'obscurité est telle que le doute sur le sens exact persiste, celui-ci doit profiter à l'accuser. Ainsi, comme au Canada, l'idée de faire un exercice d'interprétation des textes douteux et ambigus est également invoquée en doctrine. Il s'agit principalement des situations où le juge trouve nécessaire d'examiner les objectifs de la loi pour lever l'ambiguïté.[188] De même, on

---

1982, c.11, dans L.R.C., 1985, App. II, no44 : les articles 8 à 14 s'appliquent au droit pénal et à la procédure pénale.

185 R. MERLE et A. VITU, précité, note 130, p.253-254.

186 Bernard Bouloc et Haritini Matsopoilou, *Droit pénal général et procédure pénale*, Paris, Sirey,2011, p.101.

187 Claire Sourzat, *Droit pénal général et procédure pénale*, Bruxelles, Larcier, 2014, p. 31.

188 Di Marino G. « Le recours aux objectifs de la loi pénale dans son application » Rev. sc. crim., juillet-sept. 1991p. 511-514.

considère qu'en vertu de ce principe, le juge ne doit pas aller au-delà du contenu du texte, il ne doit pas non plus demeurer en deçà de la volonté du législateur, d'où la nécessité de recourir à l'interprétation téléologique[189]. Le principe est ainsi invoqué en ce sens dans plusieurs décisions de la Cour de Cassation, par exemple dans le cas d'un médecin qui, à la suite d'une erreur de diagnostic occasionnant la mort d'un fœtus, a été déclaré coupable du délit d'homicide involontaire et condamné à la peine de 6 mois d'emprisonnement avec sursis, ainsi qu'au paiement d'une amende de 10 000 francs. La Cour de cassation affirme :

> Vu l'article 111-4 du Code pénal ;
>
> Attendu que la loi pénale est d'interprétation stricte ;
>
> Attendu qu'il ressort de l'arrêt attaqué qu'à la suite d'une confusion résultant de l'homonymie entre 2 patientes présentes dans le même service de gynécologie, X..., docteur en médecine, a procédé sur l'une d'elles, venue pour un examen de grossesse, à une intervention visant à extraire un stérilet ; que cet acte a provoqué une rupture de la poche des eaux rendant nécessaire l'expulsion du fœtus.
>
> Attendu que X... a été poursuivi pour atteinte involontaire à la vie de l'enfant à naître ;
>
> Attendu que, pour le déclarer coupable d'homicide involontaire, la juridiction du second degré relève que l'article 2 de la Convention européenne de sauvegarde des droits de l'homme

---

189 Laurence Leturny et Patrick Kolb, *L'essentiel des grands arrêts de Droit pénal et de la procédure pénale (2017-2018)*, Issy-les-Moulineaux, Gualino-Lextenso, 2017, p.16.

> et des libertés fondamentales et l'article 6 du Pacte international relatif aux droits civils et politiques reconnaissent l'existence, pour toute personne, d'un droit à la vie protégé par la loi ; qu'elle souligne que la loi du 17 janvier 1975, relative à l'interruption volontaire de grossesse, pose le principe du respect de l'être humain dès le commencement de sa vie, désormais rappelé par l'article 16 du Code civil dans la rédaction issue de la loi du 29 juillet 1994 ; qu'ensuite elle énonce qu'en intervenant sans examen clinique préalable, le médecin a commis une faute d'imprudence et de négligence, qui présente un lien de causalité certain avec la mort de l'enfant que portait la patiente ; mais attendu qu'en statuant ainsi, alors que les faits reprochés au prévenu n'entrent pas dans les prévisions des articles 319 anciens et 221-6 du Code pénal, la cour d'appel a méconnu le texte susvisé ; d'où il suit que la cassation est encourue.[190]

Dans le même sens, une autre affaire similaire impliquant cette fois un automobiliste en état d'ébriété qui a heurté un véhicule conduit par une dame enceinte de six mois qui a été blessée et a perdu le fœtus suite à la collision. Selon la Cour de cassation, le principe de légalité impose une interprétation stricte de la loi pénale et s'oppose à ce que l'incrimination prévue par l'article 221-6 du Code pénal, réprimant l'homicide involontaire d'autrui, soit étendue au cas de l'enfant à naître, dont le régime juridique

---

190 Cass. crim., 30 juin 1999, Bull. crim., n° 174. ; Crim. 10 déc. 1985, Bull. Crim. no 396; les juges ne peuvent procéder par extension, analogie ou induction :Crim. 9 août 2013,bull. crim. no 637.

relève de textes particuliers sur l'embryon et le fœtus. Le paragraphe suivant est éloquent : « suivant le rapport du docteur Hennequin, l'enfant a subi d'importantes lésions cérébrales incompatibles avec la vie chez un enfant prématuré ; qu'il y a une relation causale entre l'accident dont a été victime la mère et la mort de l'enfant dans les jours suivants ; que l'enfant est né prématurément viable, mais n'a pas respiré du fait de l'absence d'air dans les poumons et l'estomac ; qu'il n'a pas vécu du fait des lésions cérébrales ; que sa mort est la conséquence de l'accident ; que cependant l'enfant mort-né n'est pas protégé pénalement au titre des infractions concernant les personnes ; qu'en effet pour qu'il y ait "personne", il faut qu'il y ait un être vivant, c'est-à-dire venu au monde et non encore décédé ; qu'il ne peut y avoir homicide qu'à l'égard d'un enfant dont le cœur battait à la naissance et qui a respiré ; que la loi pénale est d'interprétation stricte ; que le fait poursuivi du chef d'homicide involontaire ne constitue en fait aucune infraction à la loi pénale[191] ».

Il est évident que ces arrêts montrent clairement que la jurisprudence de la Cour de cassation rejette le recours au raisonnement par analogie défavorable, mais ils sont surtout fondés sur une vision téléologique, dans la mesure où en punissant l'homicide le législateur s'est donné comme but la protection de la vie, « une vie extériorisée et autonome[192] ». De surcroît, on ne doit pas ignorer que le juge, dans son activité interprétative, tient également compte du contexte d'adoption de la loi.

---

191 Cass. ass. plén., 29 juin 2001, Bull. crim. 2001, n° 8 ; Arrêt suivi dans: Cass. crim., 25 juin 2002, Bull. crim. 2002, n° 144 ; Cass. crim., 4 mai 2004, Bull. crim., n° 108 .

192 W. JEANDIDIER, précité, note 126.

Section 2. Le contextualisme

John WILLIS affirmait que « words, like people, take their colour from their surroundings [193]». Le triomphe de la méthode Driedger fait en sorte qu'en général, le juge doit interpréter en tenant compte de tout le contexte. On se rappellera qu'« Il faut interpréter l'ensemble de la loi en fonction de son contexte global pour déterminer l'intention du législateur (la loi selon sa teneur expresse ou implicite), l'objet de la loi (les fins qu'elle poursuit) et l'économie de la loi (les liens entre ses différentes dispositions) [194]».

En France, dans leur célèbre *Traité de droit criminel*, les professeurs Merle et Vitu rappellent que l'adoption de la méthode téléologique entraîne plusieurs conséquences notamment celle-ci : (…) jusqu'à preuve du contraire, il faut présumer que chaque règle pénale s'intègre harmonieusement dans l'ensemble du droit (…) rechercher la volonté du législateur non seulement en tenant compte de la lettre de la loi, mais aussi de l'histoire, des précédents, des travaux préparatoires, de l'évolution sociale, scientifique, philosophique pour assurer au texte une portée effective dans l'application du cadre actuel [195]. Claudia

---

193 John WILLIS « Statutes Interpretation in a Nutshell », (1938) 16 Can. Bar Rev. 1, 6.

194 S. BEAULAC et al, précité, note 27, p.147-148 ; voir aussi, sur le contexte interne et le contexte externe, : Ruth SULLIVAN, précité, note 46, p. 3 et 4. Driedger distinguished between the internal "literary" context and the external context, which was classified as factual, social, intellectual, legal and linguistic [...] The following account of context preserves this dual focus »; voir aussi « contextes linguistique, philosophique[,] historique » dans R.c. Big Mdrug Mart Ltd, (1985) 1 R.C.S.335. Sur l'analyse contextuelle: R.c. Mara, [1997] 2 R.C.S. 630; R. c. Nabis, [1975] 2 R.C.S. 485; R. c. Cogger, [1997] 2 R.C.S. 845; R. c. Hinchey, [1996] 3 R.C.S.1128,1137,1138.

195 R. MERLE et A. VITU, précité, note 130, p.177.

Chica précise également que « L'interprétation téléologique, finaliste ou déclarative (…) se fonde sur la ratio legis, (…) en faisant primer l'esprit du texte sur sa lettre. Dans cette difficile quête, le juge-interprète s'attache au contexte ayant entouré l'apparition de la loi (rapports et débats parlementaires, histoire, précédents, déclarations)[196] ». En ce sens, c'est le contexte que l'on recherche afin d'identifier l'intention…il est clair que l'interprétation est ici contextuelle. Dans les propos de Merle et Vitu, considérant le caractère globalisant de l'approche suggérée, il y a une similarité évidente avec la méthode Driedger. Ainsi, comme en droit canadien, l'interprétation contextuelle se trouve au centre de la méthode téléologique [197]. L'herméneutique juridique met particulièrement l'accent sur le contexte. Dès lors, comme l'écrit Massimo Vogliotti : « Le tournant contextuel a brisé le rêve – qui s'est bientôt révélé un cauchemar – d'absorber tout le droit dans le pôle du texte, pour le protéger des érosions sémantiques du contexte. Il nous a définitivement appris que le sens – et donc le droit – n'est ni tout dans le texte, comme le croyait le légalisme formaliste, ni tout dans les contextes d'application, comme le voudrait le réalisme radical, récemment relancé par la dérive nihiliste. Le droit, on le répète, n'est pas une « substance » (normative, selon le positivisme normativiste, ou empirique, selon le positivisme réaliste), mais un réseau de « relations » – tissu par les interprètes (sous le contrôle de la communauté interprétative) – entre le texte, le co-texte (l'environnement textuel qui l'entoure) et le contexte extralinguistique (les faits et les valeurs de la société)[198] ».

---

196 Claudia GHICA-LEMARCHAND, précité, note 131.

197 TREMBLAY, R., L'essentiel de l'interprétation des lois, Éditions Yvon Blais, Cowansville, 2009, p. 95.

198 Massimo VOGLIOTTI : Le « tournant contextuel », (2013) 70. R.I.E.J. (Revue interdisciplinaire d'études juridiques),194-203.

CONCLUSION

Afin d'appliquer correctement la norme générale et abstraite au cas d'espèce, il faut établir le sens du discours législatif. Cependant, l'interrogation constante est de savoir comment et selon quelles « opérations intellectuelles[199] » ? Cet ouvrage a examiné la place réservée à deux méthodes d'interprétation dans deux systèmes juridiques que sont le Canada et la France.

Tout au long de l'étude, nous avons, à partir de l'examen de la jurisprudence et des commentaires de la doctrine, mis en lumière l'existence de deux modèles interprétatifs. Le modèle canadien est axé sur l'interprétation littérale, en tant que point de départ de la démarche. Le juge y ajoute souvent des éléments de contexte, de logique ou de finalité pour solidifier son cadre argumentatif ; ce qui lui permet généralement de demeurer dans le cadre global de la méthode dite moderne proposée par Driedger. Les arguments téléologiques s'avèrent très utiles particulièrement lorsque l'approche purement grammaticale est susceptible de mener à des résultats inacceptables ou déraisonnables. Le modèle français peut être qualifié d'officiellement téléologique, dans la mesure

---

199 Expression utilisée par François OST, selon qui l'interprétation est « l'ensemble des opérations intellectuelles nécessaires pour résoudre une question de droit à l'aide des textes juridiques faisant autorité. » : François OST, *Dire le droit, faire justice*, Bruxelles, Bruylant, 2007, p.86.

où la Cour de cassation a rejeté avec force la méthode littérale. Le discours de la doctrine sur le rejet de la méthode littérale révèle que le droit français a abandonné la conception classique qui donnait préséance au texte et ne laissait aucune latitude au juge pour identifier les objectifs de la loi. Même si ce dernier peut aujourd'hui analyser étymologiquement ou grammaticalement un mot dans le cadre de l'approche téléologique, la seule application automatique du sens littéral d'un mot s'opère au moment de l'interprétation des termes techniques reliés aux domaines spécifiques tels que l'environnement ou la médecine. Sur ce point précis, il convient de noter qu'en droit canadien aussi, le sens technique d'un terme est son sens ordinaire et qu'en principe on ne devrait pas s'en écarter.

Il sied de constater par ailleurs que le principe d'interprétation stricte de la loi pénale et l'interprétation contextuelle sont appliqués dans les deux systèmes étudiés. Le principe d'interprétation stricte est inscrit expressément dans le *Code pénal* français et il vise notamment à écarter le raisonnement par analogie. Mais, eu égard à la latitude dont dispose le juge dans le cadre de l'interprétation téléologique, ce principe de l'interprétation stricte semble tout de même en recul, tout comme il est désormais secondaire en droit canadien et n'est utilisé *in favorem* qu'en cas d'ambiguïté. Concernant l'approche contextuelle, il n'y a aucun doute que l'approche driedgérienne telle qu'appliquée par les tribunaux est un paradigme contextualiste, car le contexte tant interne qu'externe de la norme demeure un enjeu dont le juge tient compte lorsqu'il étudie l'objectif de la loi. Le juge français ne peut pas non plus se passer du contexte lorsqu'il recourt à sa méthode de prédilection, soit la méthode téléologique.

Au terme de cette étude comparative, s'il y avait une meilleure façon d'énoncer notre constat quant à la place des deux méthodes d'interprétation étudiées, elle consisterait à dire qu'au Canada, tout en reconnaissant l'importance des arguments téléologiques dans le cadre de la méthode moderne de Driedger, la jurisprudence accorde une place de premier plan au sens littéral des mots, c'est-à-dire aux éléments sémantiques et syntaxiques qui permettent de découvrir le message du législateur. En France la démarche est inversée. En effet, dans ce système, tout en reconnaissant l'importance de la lettre de la loi, celle-ci ne peut pas être lue sans s'interroger d'emblée sur son but. Toutefois, la Cour de cassation ne décrit généralement pas en long et en large l'objectif de la loi et l'historique législatif comme le fait souvent la Cour suprême du Canada. Elle se limite souvent à de courts énoncés[200] qui parfois n'évoquent le but de la loi qu'implicitement. C'est la doctrine qui commente et clarifie généralement l'approche judiciaire du point de vue interprétatif.

Au demeurant, la tendance moderne de l'interprétation des lois est de viser l'équilibre entre la lettre et l'esprit de la loi, dans la mesure où le juge doit se prononcer sur des normes incarnant les préférences politiques ou philosophiques du législateur et applicables à des réalités sociales souvent complexes. Dès lors, on ne devrait pas être surpris de voir une certaine hésitation ou même une certaine incohérence dans l'utilisation de différentes approches qui s'offrent à l'interprète. C'est pourquoi, une méthode d'interprétation radicalement autonome en droit pénal ne peut être qu'une illusion, en ce monde de plus en plus tourné vers la diversité des points de vue dans la recherche de solutions aux problèmes juridiques de notre temps.

---

200 Les arrêts de la chambre criminelle de la Cour de cassation sont souvent critiqués pour leur caractère trop synthétique qui leur donne une allure hermétique. Voir à ce sujet Louis BORÉ, précité, note 132.

BIBLIOGRAPHIE

LÉGISLATION

Charte canadienne des droits et libertés, Partie I de la Loi constitutionnelle de 1982, constituant l'annexe B de la Loi de 1982 sur le Canada (R.U.), 1982, c.11, dans L.R.C., 1985, App. II, no44

Code criminel, L.R.C.,1985, ch.46.

Loi d'interprétation, L.R.C., 1985, ch. I-21.

Code pénal français

JURISPRUDENCE

Canada

R. c. A.D.H., [2013] 2 R.C.S. 269.

R. c. Anderson, [1990] 1 R.C.S. 265.

Application Under s.83.28 of the Criminal Code, Re [2004] 21C.R, (6th) 82 (S.C.C.). 102.

R. c. Audet, [1996] 2 R.C.S. 171.

Bell ExpressVu Limited Partnership c. Rex, [2002] 2 R.C.S. 559, 2002 CSC 42.

R. c. Bernard, [1988] 2 R.C.S. 833.

R. c. Big drug Mart Ltd, (1985) 1 R.C.S.335.

R. c. Borowiec, 2016 CSC 11, [2016] 1 R.C.S. 80.

Charlebois c. Saint John (Ville), [2005] 3 R.C.S. 563

Chieu c. Canada (Ministre de la Citoyenneté et de l'Immigration), [2002] 1 R.C.S. 84.

R. c. Chartrand, (1994) 2 R.C.S. 864.

R c Clarke, [2014] 1 R.C.S. 612.

R. c. Clemente, [1994] 2 R.C.S. 758.

R. c. Cogger, [1997] 2 R.C.S. 845.

R. c. Craig, [2009] 1 R.C.S. 796.

R. c. Clark, [2005] 1 R.C.S. 18.

R. c. Daoust, (2004] 1 R.C.S. 217.

R. c. D.L.W, [2016] 1 R.C.S. 402.

R. c. Edwards, [1996] 1 R.C.S. 128.

R. c. Hasselwander, [1993] 2 R.C.S. 398.

R. c. Hinchey [1996] 3 R.C.S.1128

Ontario (Procureur général) c. Fraser, [2011] 2 R.C.S. 3.

Québec (Procureure générale) c. Guérin, 2017, [2017] 2 R.C.S.3.

R. c. Gladue, [1999] 1 R.C.S. 688.

R. c. Jarvis, 2019 C.S.C. 10.

R.c. Jarvis 2017 ONCA 778, 139 O.R. (3d) 754.

R. c. Keegstra [1990] 3 R.C.S. 697.

R. c. Krymowsky, [2005] 1 R.C.S 101.

R. c. Lavigne, [2006] 1 R.C.S. 397.

R. c. Lohnes, [1992] 1 R.C.S. 171.

R. c. Lucas, [1998] 1 R.C.S. 439.

R. c. Mara, [1997] 2 R.C.S. 630.

R. c. Martineau, [1990] 2 R.C.S. 633.

R. c. Middleton, [2009] 1 R.C.S. 704.

R. c. Mills, [1999] 3 R.C.S. 668.

R. c. Mc Craw, [1991] 3 R.C.S. 72.

R.c. Moyer, [1994] 2 R.C.S. 899.

R. c. McIntosh, [1995] 1 R.C.S. 686.

Morozuk c. La Reine, [1986] 1 R.C.S. 31.

R. c. Nabis, [1975] 2 R.C.S. 485.

R.c. Paré, [1987] 2 R.C.S. 634.

Perka c. La Reine, [1984] 2 R.C.S.

Pfizer Company Limited c. Le sous-ministre du Revenu national pour les douanes et l'accise, [1977] 1 R.C.S. 456, 460.

Pinner v. Everett, [1969] 3 All E.R. 257.

R. c. Proulx, [2000] 1 R.C.S. 6.

R. c. Quesnelle, [2014] 2 R.C.S. 390.

Re Rizzo & Rizzo Shoes ltd, [1998] 1 R.C.S. 27.

R. c. Roy, [2012] 2 R.C.S. 60.

R. c. Sharpe, [2001] 1 R.C.S. 45.

Schreiber c. Canada (Procureur général), [1998] 1 R.C.S. 841.

R. c. Spencer, 2014, [2014] 2 R.C.S. 212.

Stubart Investments Ltd. c. The Queen, [1984] 1 R.C.S. 536.

R. c. Théroux, [1993] 2 R.C.S. 5.

Victoria (City) c. Bishop of Vancouver Island, [1921] 2 A.C. 387.

Wilson c. Colombie-Britannique (Superintendent of Motor Vehicles), [2015] 3 R.C.S. 300.

R. c. Wise, [1992] 1 R.C.S. 527.

R. c. Wong, [1990] 3 R.C.S. 36.

R. c. Wu, [2003] 3 R.C.S. 530.

R. *c.* Zora 2020 CSC 14.

France

Cass. Crim., 28 janvier 2020, n°3054 (19-80.091).

Cass.crim.,19 avril 2017, n° 16-80695.

Cass.crim.,12 mai 2015, Bull. crim. 2015, n° 104.

Crim. 9 août 2013, Bull. crim. n° 637.

Cass. crim., 6 décembre. 2011, Bull. crim 2011, n° 249.

Crim., 13 janvier 2009, Bull. crim. 2009, n° 12, p. 31.

Cass. crim., 26 juin 2007, n° 06-82.736, inédit.

Crim., 20 décembre 2006, Bull. crim., n° 323, p. 1196.

Crim., 21 juin 2005, Bull. crim. 2005, n° 187.

Crim., 4 mai 2004, Bull. crim., 2004, n° 108, p. 418.

Crim., 25 juin 2002, Bull. crim. 2002, n° 144, p. 531.

Cass. crim., 30 juin 1999, Bull. crim., n° 174.

Cass. crim., 11 juin 1992, Bull. crim. 1992, n° 232

Cass. crim., 5 septembre. 1990, Bull. crim. 1990, n° 313

Crim.26 avril 1988. Bull. 1988, no 178.

Crim. 10 déc. 1985, Bull. Crim. no 396.

Cass. crim., 17 juillet. 1984, Bull. crim. 1984, n° 260.

Cass. crim., 12 mars 1984 ; Bull crim., 1984, no 102.

Cass. crim., 8 janvier. 1979, Bull. crim. 1979, n° 13.

Cass. crim., 27 juin 1972, Bull. crim. 1972, n° 222.

Cass. crim., 14 janvier. 1971, Bull. crim. 1971, n° 14.

Cass. crim., 9 juillet. 1970, Bull. crim. 1970, n° 236.

Cass. crim., 5 février. 1970, Bull. crim. 1970, n° 53.

Cass. crim., 1er avril. 1965, Bull. crim. 1965, n° 106.

Cass, crim, 10 avril 1964, Bull. crim.1964 n° 108,

Cass. crim., 8 mars 1930 : DP 1930, 1, p. 101.

Cass. crim., 3 août 1912 : S. 1913, 1, p. 337, Inédit.

Cass. crim., 19 mars 1910 : Bull. crim. 1910, n° 153

Cass. crim., 11 mars 1831, 1.

Cass. crim., 8 février 1993, Bull. crim. 1993, n° 65.

DOCTRINE

Monographies et articles

Canada

BEAULAC, S. et BÉRARD, F., *Précis d'interprétation législative*, 2e éd, Montréal, LexisNexis, 2014.

CÔTÉ, P.-A., avec la collab. de Stéphane Beaulac et Mathieu Devinat, *Interprétation des lois*, 4e éd., Montréal, Thémis, 2009.

COTÉ-HARPER, G. ; Rainville, P et Jean Turgeon J. , *Traité de droit pénal canadien*, Cowansville, Éditions Yvon Blais, 1998.

DAVID, G., *Introduction aux fondements philosophiques du droit*, Cowansville, Éditions Yvon Blais, 2012.

DRIEDGER, E.A., *The Construction of Statutes*, 2e éd., Toronto, Butterworths, 1983.

DRIEDGER, E.A. , *The Construction of Statutes*, Toronto, Butterworths, 1974.

LAGACÉ, J., « Aspects du fonctionnement du langage », dans Richard Tremblay et autres (dir.), Éléments de légistique : comment les lois et les règlements, Cowansville, Yvon Blais, 2010.

LAUZIERE, L., : « Le sens ordinaire des mots comme règle d'interprétation », (1987), vol. 2, C.de D. 389,390.

LAUZIERE, L. « L'interprétation des lois », [en ligne], www.redactionjuridique.chaire.ulaval.ca/sites/redactionjuridique.chaire.ulaval.ca/files/capsule_methode_litterale_ou_grammaticale_cb-ms__1.pd], (août 2012).

PLAXTON, M., *Sovereignty, Restraint, & Guidance, Criminal Law in the 21st Century*, Toronto, Irwin Law, 2019.

ROACH, K., *Crimnal Law*, 6e éd., Toronto, Irwin Law, 2015.

SAUNDERS, R.P. et BROMWICH, R., *Criminal Law in Canada : An Introduction to the Theoretical, Social an Legal Contexts*, 5e éd, Toronto, Thompson Reuters, 2016.

SAMSON, M. : « La théorie structurante du droit : plaidoyer pour une redéfinition de l'agir juridique » (2009), Lex Electronica, vol.14, no 1, [en ligne] https://www.lex-electronica.org/articles/vol14/num1/la-theorie-structurante-du-droit-plaidoyer-pour-une-redéfinition de-lagir-juridique.

STUART, D., *Canadian Criminal Law, A Treatise, Toronto*, Carswell, 2011, p.9,39,40.

STUART, D et Coughlan, S., *Learning Canadian Criminal Law,* 13e éd., Toronto, Carswell, 2015.

SULLIVAN, R.. , *Sullivan on the Construction of Statutes*, 6e éd., Markham, LexisNexis, 2014.

SULLIVAN, R., *Statutory interpretation*, 3rd edition, Toronto, Irwin Law, 2016.

SULLIVAN, R. : « Statutory interpretation in Supreme Court of Canada », [en ligne], http://aix1.uottawa.ca/~resulliv/legdr/siinscc.html, consulté le 23 juin 2019.

TREMBLAY, R., *L'essentiel de l'interprétation des lois*, Éditions Yvon Blais, Cowansville, 2009.

WILLIS, J., « Statutes Interpretation in a Nutshell », (1938) 16 Can. Bar Rev. 1, 6.

France

BORÉ, L., « L'interprétation des arrêts de la chambre criminelle », dans Frédéric Stasiak (dir), *Histoire et méthodes d'interprétation en droit criminel*, Paris, Dalloz, 2015.

BOULOC, B. et MATSOPOLU, H., *Droit pénal général et procédure pénale*, Paris, Sirey, 2011.

CORNU, G., *Linguistique juridique*, Paris, Montchrestien, 1990.

David DECHENAUD, D., : « interprétation téléologique ou interprétation par analogie ? », dans Frédéric Stasiak (dir), *Histoire et méthodes d'interprétation en droit criminel*, Paris, Dalloz, 2015.

DE SECONDAT, C. (baron de Montesquieu), *De l'esprit des lois*, I, édité par Laurent Versini, Paris, Gallimard, 1995.

DEZEUZE, E. « Le Code pénal face aux progrès techniques et scientifiques », Actes du Colloque sur le Bicentenaire du Code pénal-1810-2010, du 25 au 26 novembre 2010 , p.194., [en ligne]:https://www.senat.fr/colloques/actes_bicentenaire_code_penal/actes_bicentenaire_code_penal12.html.

DI MARINO, G. : « Le recours aux objectifs de la loi pénale dans son application », (1991) Rev. sc. crim., juillet-septembre.

GHICA-LEMARCHAND, C. : « L'interprétation de la loi par le juge pénal », Colloque sur l'office du juge, 29- 30 septembre 2006, [en ligne] :

https://www.senat.fr/colloques/office_du_juge/office_du_juge9.html

JEANDIDIER, W. : « Principes de légalité criminelle-Interprétation de la loi pénale », JurisClasseur, Fasc.20, à jour au 5 décembre 2018.

JEANDIDIER, W, *Droit pénal général*, 2e édition, Paris, Montchestien, 1991.

LETURNY, L. et KOLB, L., *L'essentiel des grands arrêts de Droit pénal et de la procédure pénale* (2017-2018), Issy-les-Moulineaux, Gualino-Lextenso, 2017.

MAYAUD, Y. : « Le législateur contre l'interprétation judiciaire », dans Frédéric Stasiak (dir), *Histoire et méthodes d'interprétation en droit criminel*, Paris, Dalloz, 2015

MERLE, R. et VITU, A., *Traité de droit criminel*, Paris, Cujas, 1997.

PIWNICA, E. : « L'interprétation de la loi pénale par le juge », Actes du Colloque sur le Bicentenaire du Code pénal-1810-2010, du 25 au 26 novembre 2010, p.194., [en ligne] :
https://www.senat.fr/colloques/actes_bicentenaire_code_penal/actes_bicentenaire_code_penal12.html.

PORTALIS, M.- J.-E, « Discours préliminaire du projet du Code civil élaboré par la commission du gouvernement », Paris, Recueil des travaux préparatoires du Code civil, 1827,
t. I.

SOURZAT, C., *Droit pénal général et procédure pénale,* Bruxelles, Larcier, 2014.

TROPER, M., *La théorie du droit, le droit, l'État*, Paris, PUF, 2001.

TROPER, M., « Réplique à Otto Pfersmann » (2002) Revue française de droit constitutionnel, 335.

VITU, A., *Droit pénal spécial*, Paris, Cujas, 1982.

VOGLIOTTI, M. : « Le tournant contextuel » (2013) 70. *R.I.E.J.* 194-203.

Autres

BECCARIA, C., *Des délits et des peines*, trad. de Philippe Audegean, Paris, Éditions Payot & Rivages, 2014.

HART, H. L.A., *le concept de droit,* Bruxelles, Facultés universitaires Saint-Louis, 1976.

LA TORRE, M. : « Le modèle hiérarchique et le concept de droit de Hart » (2013) 21 revue de théorie constitutionnelle et de philosophie du droit, 121.

OST, T., *Dire le droit, faire justice*, Bruxelles, Bruylant, 2007.

Sites Web

https://www.legifrance.gouv.fr/

https://www.senat.fr/colloques/office_du_juge/

ANNEXE 1

Extraits de l'arrêt *R. c. Zora* 2020 CSC 14 [201]
(Nous avons mis en caractère gras les paragraphes pertinents)

Cour suprême du Canada

Présents : Le juge en chef Wagner et les juges Abella, Moldaver, Karakatsanis, Côté, Brown, Rowe, Martin et Kasirer.

EN APPEL DE LA COUR D'APPEL DE LA COLOMBIE-BRITANNIQUE

Droit criminel — Omission de se conformer aux conditions d'une promesse ou d'un engagement — Éléments de l'infraction — Mens rea — Prévenu déclaré coupable d'omission de se conformer aux conditions d'une promesse ou d'un engagement après avoir omis de répondre à la porte lorsque la police s'est rendue à sa résidence — La mens rea pour l'infraction d'omission de se conformer aux conditions d'une promesse ou d'un engagement doit-elle être évaluée en fonction d'une norme subjective ou objective ? — Code criminel, L.R.C. 1985, c. C-46, art. 145(3) .

[…]

La juge Martin —

[201] https://decisions.scc-csc.ca/scc-csc/scc-csc/fr/item/18391/index.do

I. Introduction

[1] Tout individu accusé d'avoir commis un crime est présumé innocent et a le droit de ne pas être privé sans juste cause d'une mise en liberté assortie d'un cautionnement raisonnable. La plupart des personnes prévenues ne sont pas détenues sous garde entre la date de l'accusation et le procès parce que le Code criminel, L.R.C. 1985, c. C-46 (« Code ») et la Charte canadienne des droits et libertés (« Charte ») exigent en règle générale qu'elles fassent l'objet d'une libération communément appelée « mise en liberté sous caution »[1]. Les personnes prévenues qui ne sont pas remises en liberté par la police sont conduites devant une entité judiciaire[2] (c.-à-d. juge de paix ou juge) pour une enquête sur le cautionnement. Pour la plupart des crimes, la forme de mise en liberté par défaut est la libération de la personne prévenue sur promesse d'être présente au procès, sans conditions restreignant ses activités ou actions (par. 515(1) du Code). Toutefois, l'entité judiciaire peut imposer des conditions de mise en liberté si la Couronne la convainc que des restrictions particulières doivent être prises pour assurer la présence de la personne prévenue au tribunal, pour assurer la protection ou la sécurité du public ou pour ne pas miner la confiance du public envers l'administration de la justice (par. 515(10) ; R. c. Antic, 2017 CSC 27, [2017] 1 R.C.S. 509, par. 21, 34 et 67j)).

[2] Le Parlement a créé une infraction criminelle distincte pour le manquement aux conditions de mise en liberté sous caution au par. 145(3) du Code [3]. Il s'agit d'un crime contre l'administration de la justice qui entraîne une peine maximale de deux ans d'emprisonnement. Toute personne prévenue est par conséquent passible d'un emprisonnement en vertu du par. 145(3) si elle manque à une condition de sa mise en liberté

sous caution, même si en fin de compte elle n'est déclarée coupable d'aucun crime pour lequel elle était initialement accusée. Dans bien des cas, la personne prévenue s'expose à des sanctions pénales pour une conduite qui, n'eût été les conditions de sa mise en liberté sous caution, constituerait un exercice légal de sa liberté personnelle. Comme l'élément essentiel de l'infraction est l'omission de se conformer à une ordonnance judiciaire, il n'y a souvent pas de victime ni de violence, ni de préjudice direct au public ou de dommages directs causés à des biens.

[3] L'appelant, M. Zora, interjette appel de ses déclarations de culpabilité fondées sur le par. 145(3) pour avoir, à deux reprises, omis de se conformer à une condition de sa mise en liberté, soit celle de répondre à la porte lorsque la police se rend à sa résidence pour vérifier s'il respecte ses conditions de mise en liberté. Il a commis l'acte coupable (actus reus) en ne répondant pas à la porte lorsque la police s'est rendue chez lui. Nous devons déterminer quelle faute ou quel élément mental la Couronne doit prouver pour obtenir une déclaration de culpabilité au titre du par. 145(3) : la mens rea pour cette infraction doit-elle être évaluée en fonction d'une norme subjective ou objective ?

[4] Je conclus que la Couronne est tenue de prouver la mens rea subjective, et qu'aucune forme de faute moindre ne suffit. En vertu du par. 145(3) , la Couronne doit établir que la personne prévenue a commis le manquement sciemment ou par insouciance. Rien dans le texte ou le contexte du par. 145(3) n'écarte la présomption selon laquelle le Parlement entendait exiger une mens rea subjective. Cette intention législative est également appuyée par la jurisprudence de la Cour sur l'interprétation de l'infraction du défaut de se conformer à une ordonnance de probation, les conséquences des accusations et des

déclarations de culpabilité fondées sur le par. 145(3) , le rôle du par. 145(3) au sein du régime constitutionnel et législatif de mise en liberté sous caution et l'application pratique du système de mise en liberté sous caution. Comme les modifications récentes apportées au régime de la mise en liberté sous caution, une norme de mens rea subjective pour un manquement en vertu du par. 145(3) focalise l'attention sur la personne prévenue, comme il se doit.

[5] Les parties et les parties intervenantes reconnaissent que la question de la mens rea requise pour l'infraction prévue au par. 145(3) soulève des considérations plus larges au sujet du fonctionnement de notre système complexe de mise en liberté sous caution. Pour conclure qu'il y a eu un manquement à une condition de mise en liberté sous caution, il faut se reporter aux conditions imposées au début du processus de mise en liberté sous caution et se fonder sur celles-ci. Dans l'arrêt Antic, la Cour a confirmé les principes sous-tendant la mise en liberté assortie d'un cautionnement raisonnable, se fondant sur des préoccupations rapportées concernant le fonctionnement du système de mise en liberté sous caution au Canada. Trois ans après l'arrêt Antic, et avec le même objectif d'orienter les tribunaux, je traiterai de l'imposition de conditions de mise en liberté sous caution de nature non pécuniaire et des infractions criminelles qui découlent du manquement à ces conditions. Pour ce faire, il faut, comme dans l'arrêt Antic, adopter une vision d'ensemble. Les infractions prévues au par. 145(3) sont très courantes, sont en hausse et mettent souvent en jeu des conditions discutables imposées à des personnes vulnérables et marginalisées. Le Parlement a récemment pris des mesures pour s'attaquer à la façon dont les nombreuses et lourdes conditions de mise en liberté sous caution interagissent avec le par. 145(3) pour créer un cycle d'incarcération,

particulièrement parmi les membres les plus vulnérables de la population. La Cour ne peut faire abstraction du contexte actuel dans lequel fonctionne le système de mise en liberté sous caution et propose, en réponse à cette réalité, une orientation concernant tant l'interprétation à donner au par. 145(3) que l'imposition des conditions de mise en liberté sous caution menant à de telles accusations.

[6] Quiconque participe au système de mise en liberté sous caution doit suivre les principes de retenue et de révision au moment d'imposer ou d'appliquer des conditions de mise en liberté sous caution. Le principe de la retenue exige que les conditions de mise en liberté sous caution soient clairement énoncées, qu'elles soient les moins nombreuses possible et qu'elles soient nécessaires, raisonnables, les moins sévères possible dans les circonstances et suffisamment liées aux risques que pose la personne prévenue au regard des motifs de détention prévus au par. 515(10). Le principe de la révision requiert que tout le monde, et particulièrement les entités judiciaires, examine attentivement les conditions de mise en liberté sous caution à l'étape de la libération, peu importe que la mise en liberté sous caution fasse l'objet d'une contestation ou d'un consentement. La plupart des conditions de mise en liberté sous caution restreignent la liberté d'une personne qui est présumée innocente. Le manquement à une condition peut mener à de graves conséquences juridiques pour la personne prévenue, et le grand nombre d'accusations de manquement a des conséquences importantes sur le système de justice déjà surchargé. Avant de transformer les conditions de mise en liberté sous caution en sources personnelles d'une potentielle responsabilité criminelle, les entités judiciaires devraient être conscientes des problèmes que pourraient causer les conditions. Le fait d'exiger une mens rea subjective pour que la responsabilité criminelle soit engagée en vertu du

par. 145(3) tient compte des principes de retenue et de révision et reflète l'approche individualisée requise pour l'imposition de conditions de mise en liberté sous caution.

[7] J'articulerai les présents motifs comme suit. Premièrement, je présenterai le contexte factuel et l'historique judiciaire du pourvoi. Deuxièmement, j'examinerai le cadre législatif et constitutionnel de la mise en liberté sous caution, lequel fournit le contexte nécessaire pour interpréter l'infraction d'omission de se conformer à une condition prévue au par. 145(3) . Troisièmement, j'énoncerai pourquoi mon interprétation du par. 145(3) me mène à conclure que l'infraction exige une mens rea subjective. Quatrièmement, je fournirai des indications générales sur ce qui est requis pour qu'une condition de mise en liberté sous caution soit considérée comme nécessaire, raisonnable, la moins sévère possible et suffisamment liée aux risques énumérés au par. 515(10). Cinquièmement, j'expliquerai ce qui est nécessaire pour prouver la mens rea subjective qu'exige l'infraction d'omission de se conformer à une condition. Enfin, j'expliciterai pourquoi je suis d'avis d'ordonner la tenue d'un nouveau procès dans la présente affaire.

II. Contexte factuel et historique judiciaire

[8] M. Zora a été accusé de trois chefs de possession de substances en vue d'en faire le trafic, infraction prévue dans la Loi réglementant certaines drogues et autres substances, L.C. 1996, c. 19 , et a obtenu une mise en liberté sur son propre engagement[4] et sous caution[5], sa mère ayant accepté d'agir à ce titre. Aux termes des douze conditions de sa mise en liberté sous caution, il était tenu de [traduction] « ne pas troubler l'ordre public et d'avoir une bonne conduite », de se présenter sur demande à la personne en charge de la surveillance de sa liberté sous caution conformément aux directives données,

de rester dans la province de la Colombie-Britannique sauf si la personne en charge de la surveillance de sa liberté sous caution a consenti à ce qu'il en sorte, d'obéir aux règles et règlements de sa résidence, de rester chez lui à moins de sortir le jour en étant accompagné par sa mère ou son père ou une personne approuvée par la personne en charge de la surveillance de sa liberté sous caution et d'avoir obtenu le consentement de celle-ci (condition appelée le couvre-feu ou la condition de détention à domicile), de se présenter à la porte de sa résidence dans un délai de cinq minutes lorsque la police ou une personne en charge de la surveillance de sa liberté sous caution se présente pour confirmer qu'il respecte la condition de détention à domicile, de ne pas être possession de substances désignées non prescrites, d'accessoires facilitant la consommation de drogues ou d'un téléphone cellulaire, de prendre part à un programme de traitement en établissement s'il y consent et de n'être en possession d'aucune arme (d.a., p. 137).

[9] Au cours de la période d'environ un mois entre la mise en liberté de M. Zora le 17 septembre 2015 et les manquements qu'il aurait commis en octobre 2015, la police est allée chez lui presque tous les jours, à différentes heures de la soirée, pour vérifier s'il respectait le couvre-feu. Le juge du procès a conclu qu'en raison de la nature des accusations, la GRC [traduction] « a fait preuve de beaucoup de diligence en enquêtant sur toute possible violation » des conditions de mise en liberté sous caution de M. Zora (C. prov. C.-B., Nos. 38980-6-CAC, 38980-7-CAC, 29 mars 2017, par. 2 (« motifs du juge du procès »), reproduits dans le d.a., p. 2).

[10] Deux soirs au cours de la fin de semaine de l'Action de grâces, les 9 et 11 octobre 2015, M. Zora ne s'est pas présenté à sa porte lorsque la police s'est rendue à sa résidence vers 22 h 30. M. Zora a appris

qu'il avait raté les visites de la police seulement deux semaines plus tard lorsqu'il a été informé des deux chefs d'accusation dont il faisait l'objet pour ne pas avoir respecté sa condition de couvre-feu et des deux chefs relatifs au manquement à sa condition de répondre à la porte. À la suite de ces accusations, M. Zora a été libéré sous caution aux termes d'un engagement semblable, mais avec la condition supplémentaire qu'il réponde personnellement et immédiatement au téléphone de sa résidence lorsqu'appelle la police ou une personne en charge de la surveillance de sa liberté sous caution. M. Zora a témoigné qu'il avait par la suite installé un système audiovisuel à sa porte d'entrée et qu'il avait changé de chambre à coucher pour s'assurer de ne pas manquer les prochaines vérifications de la police.

[11] M. Zora, sa mère et sa petite amie ont témoigné que les trois se trouvaient à la maison la fin de semaine de l'Action de grâces. M. Zora a déclaré qu'il lui aurait été difficile, voire impossible, d'entendre quelqu'un sonner ou frapper à la porte d'entrée à partir de sa chambre à coucher. Celle-ci se trouvait au sous-sol, à l'autre extrémité de la maison, et il était fatigué ce soir-là et était allé se coucher tôt parce qu'il était en sevrage d'héroïne et suivait un programme de traitement à la méthadone. Le juge du procès a exprimé certains doutes quant à la crédibilité et à la fiabilité des personnes témoignant pour la défense, mais n'a toutefois tiré aucune conclusion de fait claire sur la question de savoir si M. Zora savait qu'il était incapable d'entendre de sa chambre la sonnette de la porte quand la police s'est présentée chez lui cette fin de semaine là (motifs du juge du procès, par. 11-14).

[12] Le juge du procès a acquitté M. Zora relativement aux allégations de violation du couvre-feu, car il n'était pas convaincu hors de tout doute raisonnable que M. Zora était à l'extérieur de la maison à ce moment. Il a

déclaré M. Zora coupable des deux chefs d'accusation d'omission de se présenter à la porte lors des vérifications du respect du couvre-feu. Il a assimilé les infractions prévues au par. 145(3) à des infractions de responsabilité stricte et a par conséquent conclu que M. Zora était coupable de manquement à ses conditions étant donné qu'il n'avait pas [traduction] « organisé sa vie de manière à respecter les conditions de sa mise en liberté sous caution » (motifs du juge du procès, par. 16). M. Zora a été condamné à payer une amende de 920 $.

[13] Le juge d'appel des poursuites sommaires a rejeté l'appel et conclu qu'une mens rea objective était suffisante pour une déclaration de culpabilité en vertu du par. 145(3) parce que, dans l'arrêt R. c. Ludlow, 1999 BCCA 365, 125 B.C.A.C. 194, la Cour d'appel de la Colombie-Britannique a retenu une norme de faute objective pour ces types d'infractions (2017 BCSC 2070, par. 7 (CanLII)). Cela signifiait que les déclarations de culpabilité de M. Zora ont été confirmées parce que son comportement constituait un écart marqué par rapport à ce qu'une personne raisonnable aurait fait pour s'assurer qu'elle respectait ses conditions.

[14] La Cour d'appel de la Colombie-Britannique, composée d'une formation de cinq juges, a rejeté l'appel (2019 BCCA 9, 53 C.R. (7th) 373). La juge Stromberg-Stein, qui a rédigé les motifs des quatre juges majoritaires, a conclu que le par. 145(3) exige seulement une mens rea objective. Selon les juges majoritaires, le texte, le contexte et l'objet du par. 145(3) créaient une infraction fondée sur une obligation, laquelle reposait sur l'obligation légale expresse de se conformer aux conditions de la mise en liberté sous caution, ce qui démontrait l'intention du Parlement de créer une infraction nécessitant une mens rea objective (par. 53-58).

[15] La juge Fenlon, qui a souscrit au résultat, a quant à elle conclu que le par. 145(3) exigeait une faute subjective. À son avis, il ne s'agissait pas d'une infraction fondée sur une obligation, et ni les mots utilisés, ni le régime établi par la disposition, ni l'objet de l'infraction ne permettaient de conclure à une intention législative claire voulant écarter la présomption de l'élément de faute subjective. La juge Fenlon a néanmoins rejeté l'appel au motif que la Couronne avait établi une faute subjective en démontrant que M. Zora avait fait preuve d'insouciance puisqu'il savait qu'il y avait des parties de sa maison où il n'entendrait pas la sonnette de la porte et il n'avait pourtant fait aucun effort pour régler la situation (par. 95-96).

III. Cadre législatif et contexte du paragraphe 145(3)

[16] Le paragraphe 145(3) prévoit une infraction mixte qui s'applique aux manquements à des conditions imposées à une personne prévenue dans une ordonnance judiciaire avant le procès, en attendant la détermination de la peine ou pendant un appel. L'infraction figure à la partie IV du Code , qui traite des infractions contre l'application de la loi et l'administration de la justice. Il existe des infractions au libellé semblable visant les personnes prévenues qui omettent d'être présentes au tribunal lorsqu'elles sont tenues de le faire (par. 145(2), (4) et (5)) ou qui omettent de se conformer à une condition d'une promesse imposée par la personne autorisée à le faire selon le par. 145(5.1). Étant donné que ces infractions sont essentiellement semblables pour ce qui est du texte et du contexte, je ne vois aucune raison pour laquelle ces infractions devraient être assorties d'une norme de faute différente de l'infraction prévue au par. 145(3) .

[17] L'ancêtre du par. 145(3) , le par. 133(3), a été adopté en 1972 au moyen de la Loi sur la

réforme du cautionnement, S.C. 1970-71-72, c. 37. Il créait une infraction pour les cas où une personne assujettie aux conditions d'une promesse ou d'un engagement dans le cadre d'une mise en liberté sous caution « omet, sans excuse légitime, dont la preuve lui incombe, de se conformer à cette condition » (S.R.C. 1970, c. 2 (2e suppl.), art. 4). Avant cette disposition, il n'existait pas d'infraction pour l'omission de se conformer à une condition de mise en liberté sous caution et le Code ne fournissait aucune indication pour ce qui est de l'imposition de telles conditions (Antic, par. 23).

[18] Le paragraphe 145(3) a été modifié en 2018 pour supprimer le fardeau inversé qui incombait à la personne prévenue de prouver qu'elle avait une excuse légitime (L.C. 2018, c. 29, par. 9(7)). Le 18 décembre 2019, dans le cadre d'un ensemble de changements apportés au régime de mise en liberté sous caution, l'infraction prévue au par. 145(3) a été divisée en deux paragraphes pour traiter séparément l'omission de se conformer à une promesse au par. 145(4), et l'omission de se conformer à une ordonnance de mise en liberté ou de non-communication au par. 145(5) (L.C. 2019, c. 25, par. 47(1)). Bien que ces changements ne modifient pas réellement l'infraction d'omission de se conformer à une condition, le Parlement a aussi apporté des changements importants pour répondre aux préoccupations croissantes concernant l'imposition de conditions de mise en liberté excessives et inéquitables et le recours abusif à des sanctions pénales pour le non-respect de conditions de mise en liberté sous caution (voir Débats de la Chambre des communes, vol. 148, no 300, 1re sess., 42e lég., 24 mai 2018, p. 19603 et 19606, hon. Jody Wilson-Raybould, ministre de la Justice et procureure générale).

[19] Les parties et les parties intervenantes reconnaissent que la question particulière dont est saisie la Cour doit être située dans le contexte juridique et factuel complexe de mise en liberté sous caution au Canada. Non seulement l'élément de faute qu'exige le par. 145(3) a des conséquences d'une portée considérable sur les libertés civiles et le fonctionnement équitable et efficace de la mise en liberté sous caution dans notre pays, mais il existe un lien direct entre les conditions qui peuvent être imposées dans une ordonnance de mise en liberté sous caution et l'intention législative de criminaliser le manquement à celles-ci aux termes du par. 145(3) . Avant de regarder de quelle façon le par. 145(3) devrait être interprété, il est nécessaire de donner un aperçu des facteurs et du cadre qui structurent la façon dont les conditions de mise en liberté sous caution sont établies. Les conditions de mise en liberté auxquelles s'applique le par. 145(3) sont imposées dans le cadre d'un système de mise en liberté sous caution circonscrit par la Charte , régi par le Code et reposant sur la jurisprudence.

[…]

IV. Interprétation de la mens rea qu'exige le paragraphe 145(3)

A. Mens rea subjective et objective

[29] La principale question dans le présent pourvoi est de savoir si la mens rea qu'exige le par. 145(3) est subjective ou objective. La norme de la faute subjective serait axée sur ce qu'avait à l'esprit la personne prévenue au moment où elle a manqué à la condition de mise en liberté sous caution. Elle commande au tribunal de

se demander si la personne prévenue « voulait, connaissait ou prévoyait réellement les conséquences ou les circonstances, selon le cas, ou les deux. Quant à savoir [si elle] “aurait pu” ou aurait dû les prévoir ou si une personne raisonnable les aurait prévues, ce n'est pas le critère pertinent aux fins de décider de la culpabilité » (R. c. Hundal, [1993] 1 R.C.S. 867, p. 882-883, citant D. Stuart, Canadian Criminal Law (2e éd. 1987), p. 123-124). En appliquant une norme de mens rea subjective, les tribunaux peuvent tenir compte des circonstances et difficultés personnelles de la personne prévenue d'une manière qui fait écho à l'individualisation des conditions de mise en liberté sous caution imposées.

[30] Selon la norme de la mens rea objective, la question serait de savoir si le comportement de la personne prévenue constituait un écart marqué par rapport au comportement d'une personne raisonnable assujettie aux conditions de mise en liberté sous caution de la personne prévenue (motifs de la C.A., par. 68). La norme repose sur ce que la personne raisonnable saurait, ferait ou aurait prévu dans les circonstances, et il importe peu que la personne prévenue ne sache pas qu'elle manque à une condition. La faute objective est fondée sur des normes sociétales uniformes de comportement et ne permet donc pas de tenir compte de l'inexpérience, du manque d'éducation, de la jeunesse, de l'expérience culturelle ni d'aucune autre circonstance propre à la personne prévenue qui ne constitue pas une incapacité ou une quasi-incapacité de respecter la condition (motifs de la C.A., par. 87 (la juge Fenlon, motifs concordants), citant R. c. Creighton, [1993] 3 R.C.S. 3, p. 58-74 (la juge McLachlin), et p. 38-39 (le juge La Forest) ; R. c. Naglik, [1993] 3 R.C.S. 122, p. 148 (la juge McLachlin) et p. 149 (la juge L'Heureux-Dubé)).

[31] C'est la première fois que la Cour est appelée à examiner la mens rea rattachée à cette infraction. Les tribunaux canadiens sont divisés sur la question de savoir si l'élément mental du crime de manquement à une condition de mise en liberté sous caution, ou d'infractions similaires prévues aux par. 145(2), (4), (5) et (5.1), doit être évalué subjectivement ou objectivement. Au Manitoba, en Ontario, au Québec, en Saskatchewan, au Nouveau-Brunswick et dans les territoires, les tribunaux exigent habituellement une mens rea subjective pour ces infractions (voir, p. ex., R. c. Custance, 2005 MBCA 23, 194 C.C.C. (3d) 225 ; R. c. Legere (1995), 22 O.R. (3d) 89 (C.A.) ; R. c. Lemay, 2018 QCCS 1956 ; R. c. J.A.D., 1999 SKQB 262, 187 Sask. R. 95 ; R. c. Howe, 2014 NBQB 259, 430 N.B.R. (2d) 202; R. c. Mullin, 2003 YKTC 26, 13 C.R. (6th) 54; R. c. Selamio, 2002 NWTSC 15; R. c. Josephie, 2010 NUCJ 7). En revanche, comme le montre la présente affaire, les cours d'appel de la Colombie-Britannique ont retenu une mens rea objective (voir aussi l'arrêt Ludlow). Les tribunaux en Alberta, en Nouvelle-Écosse et à Terre-Neuve-et-Labrador ont adopté des approches diverses et modifiées en ce qui concerne la mens rea rattachée à ces infractions (subjective : p. ex., R. c. Ritter, 2007 ABCA 395, 422 A.R. 1 ; R. c. Loutitt, 2011 ABQB 545, 527 A.R. 212 ; R. c. Lofstrom, 2016 ABPC 197, 39 Alta. L.R. (6th) 367 ; R. c. Al Khatib, 2014 NSPC 62, 350 N.S.R. (2d) 133 ; R. c. A.M.Y., 2017 NSSC 99 ; R. c. L.T.W., 2004 CanLII 2897 (C. prov. T.-N.-L.) ; R. c. Companion, 2019 CanLII 119787 (C. prov. T.-N.-L.); objective : p. ex., R. c. Hammoud, 2012 ABQB 110, 534 A.R. 80 ; R. c. Qadir, 2016 ABPC 27; R. c. Osmond, 2006 NSPC 52, 248 N.S.R. (2d) 221; R. c. Brown, 2012 NSPC 64, 319 N.S.R. (2d) 128; R. c. Foote, 2018 CanLII 38297 (C. prov. T.-N.-L.)).

B. Interprétation législative et présomption de faute de nature subjective

[32] Afin de déterminer la mens rea qu'exige le par. 145(3) , il faut procéder à une opération d'interprétation législative pour dégager la norme de faute qu'avait à l'esprit le Parlement. L'un des éléments importants du contexte de l'interprétation du par. 145(3) est la présomption de longue date selon laquelle le Parlement veut qu'un crime s'accompagne d'une faute subjective (R. c. A.D.H., 2013 CSC 28, [2013] 2 R.C.S. 269, par. 23, citant R. c. Sault Ste. Marie, [1978] 2 R.C.S. 1299, p. 1303 et 1309-1310, le juge Dickson).

[33] Comme l'a décrit la Cour dans l'arrêt A.D.H., cette présomption selon laquelle la faute doit être subjective traduit l'une des valeurs qui sous-tendent le droit criminel, à savoir que « la personne moralement innocente ne doit pas être punie » (A.D.H., par. 27). Ce point de départ n'est pas une règle absolue, mais représente plutôt une idée qu'on peut supposer présente à l'esprit du Parlement lorsqu'il a adopté la disposition (par. 26). La présomption de la faute de nature subjective ne sera écartée qu'en présence d'une « intention différente clairement exprimée par le [Parlement] » (par. 27-29). **Les tribunaux doivent interpréter les termes utilisés dans la loi dans leur contexte global, en suivant le sens ordinaire et grammatical qui s'harmonise avec l'économie de la loi et son objet pour déterminer s'il existe une intention claire de la part du Parlement d'écarter la présomption de la faute subjective** (par. 19-21, citant Rizzo & Rizzo Shoes Ltd. (Re), [1998] 1 R.C.S. 27, p. 41 (citant E. A. Driedger, Construction of Statutes (2e éd. 1983), p. 87)). S'il existe une ambiguïté quant à la mens rea requise pour une infraction criminelle prévue dans le Code , alors la

présomption de la faute de nature subjective n'a pas été écartée.

[34] Le paragraphe 145(3) prévoit une infraction criminelle, comme l'indique le texte adopté se trouvant dans le Code , **ses objectifs de dissuasion et de punition (décrits en détail plus loin) et les conséquences criminelles graves en cas de déclaration de culpabilité, lesquelles peuvent aller jusqu'à un emprisonnement de deux ans (voir D. Stuart, Canadian Criminal Law : A Treatise (6e éd. 2011), p. 202 ; Hammoud, par. 11-15). Par conséquent, il faut présumer que le par. 145(3) exige une faute subjective. La question devient donc de savoir si le texte, le contexte, l'économie et l'objet du par. 145(3) témoignent d'une intention claire du Parlement de créer une norme de mens rea objective.**

[35] À mon avis, ce n'est pas le cas. **Non seulement il n'y a pas de raison dans le texte ni le contexte de l'infraction laissant entendre que le Parlement a voulu écarter la norme de faute subjective, mais je conclus que celui-ci voulait que la norme de la faute subjective s'applique au par. 145(3) . Le libellé du par. 145(3) est neutre et ne crée pas une infraction fondée sur une obligation qui requiert une mens rea objective telle qu'elle est définie dans l'arrêt A.D.H. Tous les autres facteurs pertinents appuient l'élément de faute subjective. La Cour a déjà jugé que l'intention subjective est requise pour l'infraction similaire de défaut de se conformer à une ordonnance de probation. De plus, l'historique législatif, le contexte et l'objet du par. 145(3) au regard de l'ensemble du régime législatif,** ainsi que les conséquences importantes associées à une accusation ou une déclaration de culpabilité en vertu du par. 145(3) , commandent une mens rea subjective. Les réalités du système de mise en liberté sous caution vont également

dans le sens de l'intention du Parlement d'exiger une faute subjective pour faire en sorte que les caractéristiques individuelles de la personne prévenue soient prises en compte tout au long du processus de mise en liberté sous caution. La prise en compte de ce contexte social et pratique confirme que les conséquences qui découleraient du fait d'exiger seulement une mens rea objective pour l'infraction d'omission de se conformer à une condition ne respecterait pas l'intention du Parlement (R. Sullivan, Sullivan on the Construction of Statutes (6e éd. 2014), p. 643 et 648).

C. Le texte du paragraphe 145(3) est neutre et ne crée pas une infraction fondée sur une obligation

[36] Le texte du par. 145(3) est neutre en ce sens qu'il n'indique pas une intention claire de la part du Parlement à l'égard d'une mens rea subjective ou objective. Lorsque M. Zora a été accusé en 2015, l'infraction d'omission de se conformer à une condition était rédigée comme suit :

145 (3) Quiconque, étant en liberté sur sa promesse remise ou son engagement contracté devant un juge de paix ou un juge et étant tenu de se conformer à une condition de cette promesse ou de cet engagement, ou étant tenu de se conformer à une ordonnance prise en vertu des paragraphes 515(12), 516(2) ou 522(2.1), omet, sans excuse légitime, dont la preuve lui incombe, de se conformer à cette condition ou ordonnance est coupable :

a) soit d'un acte criminel passible d'un emprisonnement maximal de deux ans ;

b) soit d'une infraction punissable sur déclaration de culpabilité par procédure sommaire.

[37] Je note d'emblée que l'inclusion du moyen de défense de l'« excuse légitime » prévu au par.

145(3) ne joue aucun rôle dans l'interprétation de la mens rea de l'infraction. L'excuse légitime constitue un moyen de défense supplémentaire que la personne prévenue ne pourrait autrement pas invoquer (voir R. c. Holmes, [1988] 1 R.C.S. 914, p. 948-949, voir aussi des interprétations de l'expression « excuse raisonnable » dans R. c. Moser (1992), 7 O.R. (3d) 737 (C.A.), p. 748-750, le juge Doherty, motifs concordants ; R. c. Goleski, 2014 BCCA 80, 307 C.C.C. (3d) 1, conf. par 2015 CSC 6, [2015] 1 R.C.S. 399). Il ne faudrait pas la confondre avec la mens rea (M. Manning et P. Sankoff, Manning, Mewett & Sankoff : Criminal Law (5e éd. 2015), p. 805 ; Trotter, p. 12-16). La possibilité d'invoquer ce moyen de défense ne change pas le fardeau de la Couronne de prouver tous les éléments de l'infraction, y compris la mens rea, hors de tout doute raisonnable (Legere, p. 99-100, citant R. c. Santeramo (1976), 32 C.C.C. (2d) 35 (C.A. Ont.), p. 44 ; Custance, par. 24 ; Josephie, par. 28 (CanLII)). Par conséquent, ce moyen de défense n'est pas pertinent pour la question de savoir si la mens rea de l'infraction est subjective ou objective.

[38] **Pour évaluer s'il y a une intention législative manifeste qui écarte la présomption de la faute subjective, les tribunaux doivent regarder à la fois les mots utilisés dans la disposition et ceux qui n'y figurent pas (A.D.H., par. 42). Il est vrai que le par. 145(3) ne contient pas de mots exprès indiquant une intention subjective, comme « volontaire » ou « conscient ». Toutefois, cette absence ne suffit pas, à elle seule, à écarter la présomption. En fait, c'est précisément lorsque les mots et le contexte sont neutres que la présomption d'une mens rea subjective s'applique pleinement.**

[39] **Les juges majoritaires de la Cour d'appel ont souligné que les mots « promesse »,**

« engagement », « [t]enu de se conformer » et « [o]met » indiquent que la personne prévenue a l'obligation juridique exécutoire de satisfaire à une norme de conduite déterminée de façon objective (par. 53). Ces juges ont examiné les cinq catégories d'infractions nécessitant une mens rea objective recensées par la Cour dans l'arrêt A.D.H. aux par. 57 à 63 : les infractions de conduite dangereuse ; les infractions axées sur le comportement négligent ; les infractions sous-jacentes ; les infractions relatives à la négligence criminelle ; et les infractions fondées sur une obligation. Au paragraphe 54, les juges majoritaires ont conclu qu'il ressortait du libellé du par. 145(3) que cette disposition tombait sous le coup de la dernière catégorie, soit les infractions fondées sur une obligation. Ces dernières, comme l'omission de s'acquitter de l'obligation de fournir les choses nécessaires à l'existence prévue à l'art. 215, reposent sur l'omission de s'acquitter d'« obligations [légales] en fonction de l'existence de liens déterminés » (A.D.H., par. 67, citant Naglik, p. 141).

[40] La Couronne fait aussi valoir que l'historique législatif du par. 145(3) appuie cette interprétation. En effet, le ministre de la Justice de l'époque a mentionné lors de l'adoption de cette disposition la « responsabilité » ou l'« obligation » des personnes en liberté sous caution de se présenter au tribunal et de se conformer aux conditions pour faire en sorte que le système de mise en liberté sous caution puisse compter sur la comparution volontaire plutôt que sur la détention préventive (Chambre des communes, Procès-verbaux et témoignages du Comité permanent de la justice et des questions juridiques, vol. 1, no 8, 3e sess., 28e lég., 23 février 1971, p. 12 et 29 ; Débats de la Chambre des communes, vol. 3, 3e sess., 28e lég., 5 février 1971, p. 3117 (hon. John Turner)).

[41] En toute déférence, je ne crois pas que le texte du par. 145(3) ou les commentaires du ministre démontrent qu'il y a une intention claire de créer une infraction fondée sur une obligation qui appelle une norme uniforme associée à une mens rea objective. Premièrement, le libellé du par. 145(3) ne renferme aucun des termes dont se sert habituellement le Parlement pour créer une infraction dont la perpétration exige une faute objective (voir A.D.H., par. 73). Contrairement aux obligations prévues aux art. 215 , 216 , 217 et 217.1 du Code , le par. 145(3) n'inclut pas expressément les mots « obligation » ou « devoir », mots qui suggèrent une faute objective (A.D.H., par. 71 ; Naglik, p. 141). Je suis d'accord avec la juge Fenlon pour dire que [traduction] « l'omission est importante » (motifs de la C.A., par. 80) lorsqu'on recherche une intention législative claire d'écarter la présomption de faute subjective. J'accepte aussi que le mot « fails » dans ce contexte est neutre :

> **[traduction] Le mot « fails » [omet] peut avoir une connotation de négligence, mais, comme le fait remarquer ma collègue, cela veut aussi dire agir de façon contraire à l'obligation ou au devoir légal convenu et être incapable de respecter les normes ou attentes fixées : The Oxford English Dictionary, 11e éd., sub verbo « fail ». Cette définition est aussi compatible avec une conduite intentionnelle ou l'inadvertance.**
>
> **(Motifs de la C.A., par. 78)**

De façon similaire, le mot « omet » dans la version française du par. 145(3) peut renvoyer à la négligence, mais aussi au fait de s'abstenir d'agir conformément à un devoir (H. Reid, avec S. Reid, Dictionnaire de droit québécois et canadien (5e éd. 2015), p. 446-447, « omission »). Ni le mot « fails » ni le mot « omet »

n'indiquent une intention législative claire d'établir une faute objective.

[42] Deuxièmement, il est dangereux d'accorder trop de poids au choix de mots d'un seul ministre, particulièrement lorsque son affirmation ne révèle pas clairement l'intention du Parlement de créer une infraction exigeant une mens rea objective. Par exemple, selon des commentaires formulés à la même époque, l'objectif de ces infractions était de [traduction] « veiller à ce que la personne accusée ne passe pas outre au nouveau système en toute impunité », ce qui semble suggérer une mens rea subjective (J. Scollin, c.r., The Bail Reform Act: An Analysis of Amendments to the Criminal Code Related to Bail and Arrest (1972), p. 19). L'historique législatif ne comporte aucun indice clair que le Parlement entendait créer une infraction exigeant une mens rea objective.

[43] Ce n'est pas parce que le ministre dit qu'une disposition qui crée une infraction criminelle impose une responsabilité ou une obligation au sens général qu'il s'agit du type d'infraction fondée sur une obligation qui était en cause dans l'arrêt Naglik. Le libellé du par. 145(3) ne renvoie qu'au fait d'être tenu de se conformer à une obligation et à l'omission de le faire. Il n'écarte pas la présomption d'intention subjective. Toutes les interdictions criminelles imposent des obligations d'agir ou de ne pas agir de façons précises et sont assorties de sanctions à infliger aux personnes qui ne les respectent pas. Si on les accepte, l'argument de la Couronne et la conclusion de la Cour d'appel transformeraient toutes les obligations de se conformer à des conditions en des « devoirs » ou « obligations » et tous les crimes en des infractions fondées sur des obligations. Toutefois, les infractions fondées sur des obligations dont il était question dans l'arrêt A.D.H.

constituent une catégorie beaucoup plus limitée et se rapportent à des obligations légales très différentes de celle d'une personne prévenue de se conformer aux conditions d'une ordonnance judiciaire.

[44] L'infraction prévue au par. 145(3) ne comporte tout simplement pas les caractéristiques distinctives de ces infractions fondées sur une obligation exigeant une faute objective qui étaient en cause dans l'arrêt Naglik et examinées dans l'arrêt A.D.H. Parmi les points de distinction, mentionnons la nature différente des relations à l'origine des obligations légales, les niveaux variables de risque pour le public advenant le non-respect des obligations, la question de savoir si l'obligation doit être définie en fonction d'une norme sociale uniforme de conduite et celle de savoir s'il est possible et approprié dans les circonstances d'appliquer une telle norme uniforme.

[45] Les devoirs légaux, comme ceux prévus aux art. 215 à 217.1 , tendent à imposer une obligation positive d'agir découlant de l'existence de certains liens identifiables, visent une obligation d'une partie plus puissante envers une partie plus vulnérable et comportent un risque direct pour la vie ou la santé si une norme sociale uniforme de conduite n'est pas respectée (A.D.H., par. 67). L'obligation de ne pas manquer à une condition de mise en liberté sous caution n'est pas comparable au déséquilibre de pouvoir et aux risques pour la santé et la sécurité publiques que visent à empêcher les devoirs imposés par les art. 215 à 217.1 : fournir les choses nécessaires à l'existence de certaines personnes définies (art. 215), entreprendre des procédures médicales qui peuvent mettre en danger la vie d'une autre personne (art. 216) ou entreprendre d'accomplir un acte ou de diriger l'accomplissement d'un travail lorsque la vie humaine est

en danger ou qu'il existe un risque de blessure corporelle pour autrui (art. 217 et 217.1).

[…]

[47] De plus, en raison de l'absence de norme uniforme à partir de laquelle on pourrait évaluer le manquement aux conditions, il n'est pas non plus facile de savoir quel degré de gravité du manquement entraînerait une responsabilité criminelle si une norme objective s'appliquait au par. 145(3) . Seul un écart marqué par rapport à la conduite d'une personne raisonnable engagerait une responsabilité criminelle selon une norme objective de mens rea. Toutefois, contrairement à une activité comme la conduite automobile pour laquelle il existe toute une gamme de conduites, allant de la conduite prudente à la conduite criminelle, en passant par la conduite négligente, basées sur les risques prévisibles de la conduite d'une personne raisonnable, la nature hautement individualisée des conditions de mise en liberté sous caution exclut la possibilité d'une norme sociale uniforme de conduite qui serait applicable à toutes les éventuelles infractions d'omission de se conformer à une condition. Les conditions de mise en liberté sous caution peuvent restreindre les activités normales comme les déplacements et la communication avec autrui et sont spécifiquement conçues pour répondre aux risques particuliers que pose chaque personne prévenue. Ces conditions et les risques auxquels elles répondent varient énormément parmi les individus faisant l'objet d'une mise en liberté, de sorte qu'il n'est pas sensé de renvoyer aux concepts d'écart « marqué » ou « simple » par rapport à la norme de la personne raisonnable. En l'absence d'une condition de mise en liberté sous caution, la conduite réglementée ne constituerait normalement pas un écart par rapport à une norme sociale uniforme de conduite. Sans cette capacité de

faire la distinction entre un écart marqué et un simple écart, il existe un risque que la norme de la faute objective entraîne insidieusement une responsabilité absolue pour l'infraction prévue au par. 145(3) .

[...]

D. Une mens rea subjective est requise pour le défaut de se conformer à une ordonnance de probation

[50] La jurisprudence de la Cour exigeant une mens rea subjective pour l'infraction de défaut de se conformer à une ordonnance de probation tend également à confirmer que l'infraction d'omission de se conformer à une condition de mise en liberté exige une mens rea subjective. Les infractions de défaut de se conformer à une ordonnance de probation (art. 733.1) et d'omission de se conformer à une condition de mise en liberté sous caution (par. 145(3)) sont des infractions semblables, qui découlent toutes deux d'un manquement par la personne prévenue à des conditions énoncées dans une ordonnance judiciaire. Dans R. c. Docherty, [1989] 2 R.C.S. 941, la Cour a statué que l'infraction de défaut de se conformer à une ordonnance de probation exige une mens rea subjective. Le libellé de cette infraction comportait les mots « volontairement » et « refuse », qui renforcent la présomption de faute subjective, et ne se retrouvent pas au par. 145(3) . Toutefois, même après le retrait du mot « volontairement » du libellé de l'infraction actuelle de défaut de se conformer à une ordonnance de probation, la plupart des tribunaux continuent à interpréter l'infraction comme exigeant une mens rea subjective en se fondant sur le raisonnement de la Cour dans l'arrêt Docherty et sur le fait que le retrait du mot « volontairement » n'indique pas, à lui seul, l'intention de créer une infraction exigeant une mens rea objective (voir, p. ex., R. c. Eby, 2007 ABPC 81, 77 Alta. L.R. (4th) 149 ; R. c. Bingley, 2008 BCPC 245, par. 18 (CanLII) ; R. c.

Laferrière, 2013 QCCA 944, par. 82-83 ; R. c. John, 2015 ONSC 2040, par. 16 (CanLII) ; contra, R. c. Bremmer, 2006 ABPC 93, par. 3-7 (CanLII)).

[51] Allant au-delà du texte du par. 733.1, la Cour a conclu dans l'arrêt Docherty que l'exigence d'une mens rea subjective était étayée par la présomption de faute subjective, la possibilité d'emprisonnement advenant une déclaration de culpabilité et l'objectif de la disposition de dissuader les gens de ne pas se conformer aux ordonnances de probation (p. 950-952). De la même façon, ces facteurs militent en faveur d'une mens rea subjective pour l'infraction prévue au par. 145(3) . De plus, la différence entre les deux situations, à savoir qu'une ordonnance de probation régit le comportement d'une personne qui a déjà été déclarée coupable d'un crime alors que les conditions de mise en liberté sous caution restreignent principalement les libertés civiles de personnes présumées innocentes de l'infraction sous-jacente, tend également à confirmer que la faute doit être subjective pour l'infraction prévue au par. 145(3) (voir, p. ex., M. Manikis et J. De Santi, « Punishing while Presuming Innocence: A Study on Bail Conditions and Administration of Justice Offences » (2019), 60 C. de D. 873, p. 879-880).

E. Le paragraphe 145(3) dans le régime législatif

[52] L'exigence d'une faute subjective pour l'infraction prévue au par. 145(3) cadre avec : (1) les pénalités et conséquences qui découlent d'une déclaration de culpabilité aux termes du par. 145(3) ; (2) le rôle du par. 145(3) en matière de révision et d'application des conditions de mise en liberté sous caution au sein du cadre législatif ; (3) l'approche individualisée et empreinte de retenue qui doit guider l'octroi d'une mise en liberté sous caution et l'imposition de conditions.

(1) Les conséquences d'une accusation et d'une déclaration de culpabilité relatives à l'omission de se conformer à une condition

[53] Si « l'échelle des peines est [généralement] peu révélatrice de l'élément de faute requis » pour la plupart des infractions (A.D.H., par. 72), l'infraction prévue au par. 145(3) est différente des autres pour les raisons suivantes : elle peut criminaliser une conduite par ailleurs légale, les accusations peuvent s'accumuler rapidement et les déclarations de culpabilité (et même les accusations) peuvent avoir une incidence sur la capacité de la personne prévenue à obtenir une mise en liberté sous caution dans le futur. Par conséquent, les graves et nombreuses conséquences qui découlent d'une déclaration de culpabilité, voire d'une accusation en vertu du par. 145(3), démontrent que le Parlement a accepté que ce crime exige une faute subjective.

[54] Une déclaration de culpabilité fondée sur le par. 145(3) a des répercussions profondes sur le droit à la liberté de la personne contrevenante. Le Parlement a prévu une peine pouvant aller jusqu'à deux ans d'emprisonnement pour une conduite qui, dans bien des cas, n'était par ailleurs pas criminelle, ne comportait pas de violence, n'a pas fait de victime et non seulement a eu lieu à un moment où la personne prévenue était présumée innocente de l'infraction sous-jacente, mais peut aussi entraîner une responsabilité criminelle même si la personne prévenue est acquittée de cette accusation. Outre un éventuel emprisonnement d'une durée maximale de deux ans pour chaque infraction, il existe une possibilité bien réelle que des conditions additionnelles soient imposées dans le cadre de la détermination de la peine. Une déclaration de culpabilité au titre du par. 145(3) engendre un casier judiciaire ou l'alourdit, avec tous les stigmates et

les difficultés que cela peut entraîner sur les plans de l'emploi, du logement et des responsabilités familiales.

[…]

(2) Le rôle du paragraphe 145(3) au sein du cadre législatif

[59] L'intention du Parlement d'exiger une faute subjective pour l'infraction prévue au par. 145(3) ressort également de l'examen du rôle de cette infraction au sein du Code . Le Parlement a compris que la mise en liberté sous caution fait partie d'un processus accéléré et est souvent fondée sur des renseignements limités, et a ainsi créé de nombreux mécanismes pour assurer la révision et l'application des conditions de mise en liberté sous caution une fois imposées. Lorsqu'il appert que la personne prévenue ne devrait pas être assujettie à une condition ou ne respecte pas une condition de sa mise en liberté sous caution, celle-ci ou la Couronne, selon le cas, peut demander une révision ou une annulation de l'ordonnance de mise en liberté sous caution. La Couronne peut aussi demander la révocation de la mise en liberté sous caution ou porter une accusation criminelle en vertu du par. 145(3) . Vu l'existence de ces autres mécanismes qui gèrent le risque découlant de l'incapacité ou de l'omission de la personne prévenue de se conformer aux conditions de mise en liberté sous caution, il est manifeste que le par. 145(3) a un objectif distinct : punir et dissuader les personnes prévenues qui manquent sciemment ou par insouciance à leurs conditions de mise en liberté sous caution.

[…]

[63] À mon avis, malgré les hauts taux d'accusations criminelles pour omission de se conformer à une condition, le Parlement ne voulait pas que les sanctions pénales soient le principal moyen de gérer les risques ou les

préoccupations associés aux individus libérés sous conditions. Le régime établi par le Code indique que de telles préoccupations doivent être prises en compte par l'établissement de conditions qui sont minimales, raisonnables, nécessaires, les moins sévères possible et suffisamment liées au risque que pose la personne prévenue ; des modifications peuvent être apportées à ces conditions lorsque cela est nécessaire au moyen de révisions de la mise en liberté sous caution et de l'annulation des ordonnances de mise en liberté sous caution ; et la mise en liberté sous caution peut être révoquée lorsque les conditions ne sont pas respectées, ce qui peut donner lieu à une libération aux mêmes conditions avec un comportement différent attendu de la part de la personne prévenue, une modification des conditions ou une détention. Les accusations portées en vertu du par. 145(3) ne sont pas, et ne devraient pas être, le principal moyen d'atténuer le risque.

[..]

[70] **Ce cadre législatif indique que le Parlement entendait que la Couronne recoure principalement à la révision et à la révocation de la mise en liberté sous caution, plutôt qu'aux accusations criminelles, pour gérer les personnes prévenues qui ne peuvent ou ne pourront se conformer à leurs conditions de mise en liberté sous caution, particulièrement lorsque ces conditions concernent une conduite qui ne serait par ailleurs pas criminelle. Évidemment, différentes considérations s'appliquent au manquement à une condition visant une conduite qui est par ailleurs criminelle ou qui cause du tort ou constitue une menace à autrui, par exemple, lorsqu'une personne prévenue viole une condition d'interdiction de communiquer en menaçant ou en intimidant une victime.** Dans de telles

circonstances, les accusations criminelles peuvent être justifiées. Le Parlement a créé un processus de comparution pour manquement à l'art. 523.1 afin de permettre à la poursuite d'écarter les accusations fondées sur le par. 145(3) lorsque le manquement n'a pas causé de dommages — matériels, corporels ou moraux — ou de pertes économiques à une victime. Cela vient étayer encore davantage la thèse que les poursuites et la déclaration de culpabilité au titre du par. 145(3) devraient constituer une mesure de dernier recours, conçue pour répondre avant tout aux manquements préjudiciables et intentionnels à des conditions de mise en liberté sous caution lorsque les mesures possibles dans le cadre des processus de révision et de révocation de la mise en liberté sous caution seraient insuffisantes.

[…]

[72] **Compte tenu de ce qui précède, l'objectif principal du par. 145(3) n'est pas la gestion d'un risque futur, mais la sanction d'un comportement passé et la dissuasion d'autres manquements.** Comme l'a fait remarquer la juge Wilson dans l'arrêt Docherty, aux p. 951-952, concernant les manquements à des conditions de probation, l'effet de dissuasion individuelle n'existe que peu ou pas si la personne accusée ignorait qu'elle faisait quelque chose de mal. Pour être dissuadée d'adopter la conduite interdite, la personne accusée doit savoir quelle norme de comportement elle doit respecter et que sa conduite n'y répond pas. Si le paragraphe 145(3) a pour objet de dissuader et de punir les personnes qui manquent à leurs conditions de mise en liberté sous caution, la même logique que celle exposée dans l'arrêt Docherty étaye l'existence d'une mens rea subjective pour le par. 145(3) .

(3) Établissement des conditions de mise en liberté sous caution et manquement à celles-ci aux termes du paragraphe 145(3).

[73] Il existe un lien puissant, et même inexorable, entre l'établissement des conditions de mise en liberté sous caution et l'application du par. 145(3), notamment en matière de mens rea. Dans la présente section, j'examinerai l'argument selon lequel le Parlement entendait que les infractions prévues au par. 145(3) requièrent une mens rea objective parce que les conditions de mise en liberté sous caution sont adaptées à la personne visée. À mon avis, cet argument est dénué d'un fondement conceptuel solide et ne tient pas compte de la façon dont les conditions de mise en liberté sous caution continuent d'être imposées malgré les principes exposés dans la Charte , dans le Code et par la Cour dans l'arrêt Antic. Je conclus que l'opposé est vrai : l'exigence voulant que les conditions de mise en liberté sous caution soient adaptées à la personne prévenue indique qu'il faut une mens rea subjective de manière à ce que les caractéristiques individuelles de celle-ci soient prises en considération tant lors de l'établissement des conditions de mise en liberté sous caution qu'en cas de manquement à celles-ci.

[74] L'intimée et l'intervenant le procureur général de la Colombie-Britannique (« PGCB ») soutiennent que la mens rea requise au par. 145(3) peut être établie par la preuve d'une norme de faute objective. L'intimée et l'intervenant font valoir que les conditions de mise en liberté sous caution, fixées au début du processus, sont soigneusement adaptées à la personne prévenue et ne devraient entraîner qu'une responsabilité criminelle minimale pour celle-ci. Le PGCB établit un lien entre les divers stades du système de mise en liberté sous caution, mais soutient qu'on [traduction] « répond efficacement, au

stade initial du processus, à la préoccupation légitime concernant les personnes marginalisées pour lesquelles le manquement aux conditions de mise en liberté sous caution pose un risque atténué » (m.i. (PGCB), par. 3). Autrement dit, les préoccupations concernant le traitement des personnes marginalisées sont prises en compte dans les conditions mêmes qui sont imposées, ce qui écarte la nécessité d'une norme de faute subjective s'il y a manquement à ces conditions.

[75] Je ne souscris pas à ce raisonnement. Cet argument repose sur une fausse dichotomie qui suppose qu'une analyse de la situation de la personne prévenue ne peut avoir lieu qu'à un seul stade du processus. Sur le plan conceptuel, il n'y a aucune raison pour laquelle les droits et intérêts de la personne prévenue devraient être abandonnés à l'une ou l'autre des étapes. Rien n'empêche une appréciation individualisée tant au moment où les conditions sont imposées qu'au moment du manquement. Les valeurs prônées dans l'arrêt Antic militent en faveur d'une approche cohérente et complémentaire selon laquelle les droits applicables garantis par la Charte et les principales protections conférées par le Code sous-tendent tous les aspects du système de mise en liberté sous caution : de l'imposition des conditions au manquement à celles-ci. Exiger une mens rea subjective renforce, reflète et respecte l'approche individualisée que commande l'imposition de toute condition de mise en liberté sous caution.

[…]

D. Conclusion sur la façon dont le paragraphe 145(3) oriente l'imposition des conditions de mise en liberté sous caution

[107] En conclusion, l'infraction prévue au par. 145(3) exige une mens rea subjective. Non seulement

cette conclusion est compatible avec la présomption de faute subjective pour des crimes comme celui visé au par. 145(3) , mais elle est aussi étayée par la place et l'objet de cette disposition au sein de l'ensemble du système de mise en liberté sous caution, par les graves conséquences qui découlent d'un manquement et par la façon dont la situation personnelle de la personne prévenue doit fonder l'établissement des conditions et la détermination de l'élément mental nécessaire à leur violation. Le fait de comprendre que le par. 145(3) vise à criminaliser une conduite associée à un risque, conduite qui est interdite dans les conditions de mise en liberté sous caution, donne des indications sur la mesure dans laquelle le bon fonctionnement de notre système de mise en liberté sous caution repose sur la retenue et la révision, afin que seules des conditions convenables soient imposées et que seules les omissions intentionnelles de se conformer à ces conditions fassent l'objet de poursuites.

VI. Éléments constitutifs de la mens rea subjective pour l'infraction prévue au paragraphe 145(3)

[108] Ayant conclu qu'une mens rea subjective est requise pour l'infraction d'omission de se conformer à une condition, j'expliquerai maintenant ce que la Couronne doit établir pour prouver la mens rea subjective requise au par. 145(3) .

[109] La mens rea subjective doit généralement être prouvée à l'égard de toutes les circonstances et conséquences qui font partie de l'actus reus de l'infraction (Sault Ste. Marie, p. 1309-1310 ; Pappajohn c. La Reine, [1980] 2 R.C.S. 120, p. 139, le juge Dickson, dissident, mais pas sur ce point). Par conséquent, la mens rea subjective de l'infraction prévue au par. 145(3) peut être établie lorsque la Couronne prouve les éléments suivants :

1. La personne prévenue connaissait les conditions de sa mise en liberté sous caution ou faisait preuve d'aveuglement volontaire à leur égard ;

2. La personne prévenue a sciemment omis d'agir conformément aux conditions de sa mise en liberté sous caution, c'est-à-dire qu'elle connaissait les circonstances qui exigeaient qu'elle se conforme aux conditions de l'ordonnance dont elle faisait l'objet, ou qu'elle faisait preuve d'aveuglement volontaire face aux circonstances, et qu'elle a omis de se conformer aux conditions malgré le fait qu'elle les connaissait ; ou

La personne prévenue a par insouciance omis d'agir conformément aux conditions de sa mise en liberté sous caution, c'est-à-dire qu'elle était consciente qu'il y avait un risque important et injustifié que sa conduite ne respecte pas les conditions de sa mise en liberté sous caution, mais qu'elle n'a pas cessé d'agir de la sorte.

[110] Ces éléments concordent avec la mens rea requise dans les ressorts qui reconnaissent la mens rea subjective pour les infractions d'omission de se conformer à des conditions en exigeant que la Couronne démontre hors de tout doute raisonnable que la personne prévenue a manqué sciemment ou par insouciance à la condition (Legere, par. 33 ; Custance, par. 10).

[111] La jurisprudence est toutefois quelque peu partagée sur le premier élément : la mesure dans laquelle la personne prévenue doit connaître les conditions de sa mise en liberté sous caution, et donc savoir qu'elle manque à une condition. Certaines décisions suivent l'arrêt Custance, où la Cour d'appel du Manitoba a simplement exigé que la personne prévenue ait [traduction] « sciemment et volontairement accompli ou omis d'accomplir un acte ou de commettre une omission qui constitue [l'actus reus] de

l'infraction », ce qui semble signifier que la Couronne a uniquement besoin de prouver que la personne prévenue a intentionnellement commis l'acte ou l'omission, mais n'a pas besoin de démontrer que la personne prévenue connaissait les conditions auxquelles elle était assujettie au moment de la commission de l'acte ou de l'omission (par. 10 et 12 ; voir, p. ex., Al Khatib, par. 27 ; Companion, par. 48 ; R. c. Edgar, 2019 QCCQ 1328, par. 109 (CanLI) ; L.T.W., par. 22).

[112] Je préfère l'autre approche. La personne prévenue doit connaître les conditions auxquelles elle est tenue ou faire preuve d'aveuglement volontaire à leur égard pour pouvoir être déclarée coupable. Elle n'a toutefois pas besoin de connaître les conséquences juridiques ou la portée des conditions (voir, p. ex., R. c. Smith, 2008 ONCA 101, 233 O.A.C. 145 (les juges Doherty, Borins et Lang, per curiam) ; R. c. Brown, 2008 ABPC 128, 445 A.R. 211 ; R. c. Chen, 2006 MBQB 250, 209 Man. R. (2d) 181, par. 36 ; Ritter, par. 11 ; R. c. Withworth, 2013 ONSC 7413, 59 M.V.R. (6th) 160, par. 13 et 16 ; R. c. Syblis, 2015 ONCJ 73, par. 18 et 25 (CanLII)). Dans plusieurs affaires portant sur des omissions de comparaître, les tribunaux ont aussi exigé que la personne prévenue connaisse la date de son audience de manière à ce que le véritable oubli de la part de la personne prévenue puisse écarter la mens rea (Josephie, par. 30-31 ; Loutitt, par. 15 et 22-23 ; R. c. Blazevic (1997), 31 O.T.C. 10 (C. J. Ont.); Mullin, par. 6 ; R. c. Hutchinson (1994), 160 A.R. 58 ; R. c. Nedlin, 2005 NWTTC 11, 32 C.R. (6th) 361, par. 62). Je souscris à la position de la Cour d'appel de l'Ontario dans l'arrêt Smith, où elle a jugé que le fait que la personne prévenue avait mal entendu les modalités de son engagement et omis d'examiner ces modalités signifiait qu'elle n'avait pas sciemment manqué à sa condition ni qu'elle avait fait preuve d'aveuglement volontaire à son égard. La personne prévenue doit connaître

les conditions de sa mise en liberté pour avoir la mens rea de l'infraction d'omission de se conformer à une condition.

[113] L'aveuglement volontaire remplace la connaissance des faits par la personne prévenue chaque fois que la connaissance est un élément de la mens rea et que la personne prévenue reste délibérément dans l'ignorance (R. c. Briscoe, 2010 CSC 13, [2010] 1 R.C.S. 411, par. 21 et 24). Pour qu'un tribunal conclue que la personne prévenue a fait preuve d'aveuglement volontaire dans le contexte de l'infraction d'omission de se conformer à une condition, celle-ci doit savoir qu'elle devait se renseigner et refuser délibérément de faire les démarches nécessaires pour confirmer la nature exacte de la condition de mise en liberté sous caution à laquelle elle était assujettie (Smith, par. 5 ; Withworth, par. 13).

[114] Exiger que la personne prévenue connaisse les conditions de sa mise en liberté sous caution, ou qu'elle fasse preuve d'aveuglement volontaire à leur égard, ne veut pas dire qu'elle doit connaître la loi, ce qui serait contraire à la règle voulant que l'ignorance de la loi n'excuse pas la perpétration de l'infraction (art. 19 du Code). Bien que la mens rea subjective pour l'infraction prévue au par. 145(3) signifie que la personne prévenue qui a une croyance sincère, mais erronée quant aux conditions de sa mise en liberté sous caution ne peut être tenue responsable, cela ne veut pas dire que la personne prévenue doit connaître et comprendre son obligation juridique de respecter ces conditions. L'oubli véritable d'une condition pourrait constituer une erreur de fait qui écarterait la mens rea, alors qu'une erreur au sujet de la portée ou de l'effet juridique d'une condition constitue une erreur de droit qui n'excuserait pas le non-respect de la condition (voir Withworth, par. 16-19, le juge Trotter). Dans l'arrêt Custance, par exemple, le prévenu savait qu'il devait rester

dans un appartement donné, mais comme il ne pouvait y entrer, il a choisi de dormir dans son automobile, pensant qu'il respecterait ainsi la condition qui lui avait été imposée. Le prévenu était au courant de la condition de sa mise en liberté sous caution, mais il s'est trompé sur ce que la loi exigeait pour le respect de cette condition. Il s'agissait d'une erreur de droit qui n'écartait pas la mens rea.

[115] La conclusion selon laquelle la personne prévenue doit connaître les conditions de sa mise en liberté sous caution, ou faire preuve d'aveuglement volontaire à leur égard, pour avoir la mens rea qu'exige le par. 145(3) est aussi compatible avec le raisonnement de la juge Wilson dans l'arrêt Docherty, qui a souligné l'importance de la connaissance pour conclure que la personne prévenue a manqué à une condition. Dans cette affaire, la juge a conclu que pour prouver qu'il y a eu violation de l'ordonnance de probation, il faut démontrer que la personne accusée savait qu'elle était soumise à l'ordonnance de probation et que celle-ci contenait une condition à laquelle elle dérogerait si elle adoptait une certaine conduite, et qu'elle est quand même allée de l'avant et a adopté la conduite (p. 957-958). Le raisonnement est utile même si la condition violée dont il était question dans l'arrêt Docherty exigeait que la personne accusée sache qu'elle commettait une infraction criminelle, ce qui signifiait qu'elle était au courant des conséquences juridiques de ses actes (p. 960-961). À l'inverse, le par. 145(3) n'exige pas que la personne prévenue soit au courant des conséquences juridiques ou de la portée de la condition à laquelle elle est assujettie, mais elle doit savoir qu'elle est liée par la condition. **À l'instar de l'infraction de violation d'une ordonnance de probation, le par. 145(3) a pour objet de punir et de dissuader l'omission de se conformer aux conditions de mise en liberté sous caution**. Comme je l'ai mentionné précédemment, la

connaissance et la dissuasion sont liées : la personne prévenue ne sera dissuadée de manquer à ses conditions que si elle sait qu'elle fait quelque chose de mal, c'est-à-dire qu'elle doit savoir qu'elle est assujettie à une condition particulière de mise en liberté sous caution (Docherty, p. 951-952).

[116] Le deuxième élément constitutif de la mens rea de l'infraction prévue au par. 145(3) peut être prouvé en démontrant que la personne prévenue agissait sciemment ou par insouciance lorsqu'elle a manqué à sa condition. La connaissance dans ce deuxième élément signifie que la personne prévenue doit, au moment du manquement, être consciente des circonstances factuelles qui exigent qu'elle agisse (ou s'abstienne d'agir) pour se conformer aux conditions, ou fasse preuve d'aveuglement volontaire à leur égard (p. ex., dans l'affaire qui nous occupe, M. Zora devait savoir que la police se trouvait à sa porte).

[117] Ce deuxième élément peut aussi être prouvé en démontrant que la personne prévenue a fait preuve d'insouciance. Lorsque, comme en l'espèce, le texte ou la nature de l'infraction n'indique pas d'exigence plus élevée quant à un caractère « délibéré » ou « intentionnel », l'insouciance est généralement comprise dans la mens rea subjective (voir Sault Ste. Marie, p. 1309-1310 ; R. c. Buzzanga (1979), 25 O.R. (2d) 705 (C.A.), p. 71). L'insouciance exige que la personne prévenue soit consciente du risque qu'elle omette de se conformer à sa condition et agisse malgré ce risque (Josephie, par. 30 ; Sansregret c. La Reine, [1985] 1 R.C.S. 570, p. 584). La connaissance du risque est essentielle pour qu'il y ait insouciance. Par conséquent, la personne prévenue doit tout de même connaître les conditions de sa mise en liberté sous caution pour être consciente de tout risque de manquement.

Elle doit aussi être consciente du risque que se présentent les circonstances factuelles qui exigent qu'elle agisse (ou s'abstienne d'agir) pour se conformer aux conditions de sa mise en liberté sous caution et elle doit continuer à avoir cette conduite malgré le risque. L'insouciance ne peut, et ne devrait pas en raison d'une mauvaise application, être assimilée à la négligence. L'insouciance n'a rien à voir avec la question de savoir si la personne prévenue aurait dû voir le risque en question, mais porte plutôt sur la question de savoir si la personne prévenue a subjectivement vu le risque et a continué à agir sans en tenir compte.

[118] Étant donné que l'application du par. 145(3) peut criminaliser un comportement quotidien par ailleurs légal, je suis d'avis que la connaissance de n'importe quel risque de manquement ne suffit pas pour établir qu'une personne prévenue a fait preuve d'insouciance. La personne prévenue doit plutôt être consciente que le fait qu'elle continue d'avoir cette conduite crée un risque injustifié et important de manquement aux conditions de sa mise en liberté sous caution. La Cour a déjà adopté cette norme de risque pour décrire l'insouciance concernant certaines infractions (voir R. c. Hamilton, 2005 CSC 47, [2005] 2 R.C.S. 432, par. 27-29 ; Leary c. La Reine, [1978] 1 R.C.S. 29, p. 35 (le juge Dickson, dissident, mais pas sur ce point)). Le risque ne peut être invraisemblable, négligeable ou minime. L'étendue du risque, ainsi que la nature du préjudice, la valeur sociale se rattachant au risque et la facilité avec laquelle le risque pourrait être évité sont toutes des considérations pertinentes (Manning et Sankoff, p. 229). Même si les juges du procès évalueront si un risque est injustifié en fonction de ces considérations, puisque l'insouciance est une norme subjective, l'accent doit être mis sur la question de savoir si la personne prévenue avait

conscience du risque important qu'elle prenait et de tout facteur faisant en sorte que le risque n'était pas justifié.

[119] Il est justifié d'exiger cette norme de risque pour l'insouciance parce que l'infraction peut criminaliser des activités de tous les jours et avoir des conséquences imprévues sur la vie quotidienne des gens. Par exemple, dans le contexte d'une condition exigeant que la personne prévenue réponde à la porte si la police se présente après son couvre-feu, la personne prévenue n'aurait pas fait preuve d'insouciance si elle avait pris le risque minime et justifié de prendre une courte douche après son couvre-feu, alors qu'elle aurait fait preuve d'insouciance si elle avait débranché la sonnette de sa porte ou porté des bouchons d'oreille dans la maison. Comme l'a énoncé la Cour dans l'arrêt Hamilton aux par. 32-33, il ne faut pas interpréter les présents motifs comme modifiant les principes généraux relatifs à l'insouciance en tant qu'élément fautif, exposés dans l'arrêt Sansregret, car ma description de l'insouciance se rapporte précisément à l'infraction prévue au par. 145(3) .

[120] Enfin, je ne peux accepter l'argument selon lequel l'exigence d'une faute subjective rendrait trop difficile pour la Couronne de prouver que la personne prévenue a omis sciemment ou par insouciance de se conformer aux conditions de sa mise en liberté sous caution. Si la Couronne choisit de porter une accusation criminelle en vertu du par. 145(3) , alors qu'il est aussi possible de faire modifier ou révoquer la mise en liberté sous caution, c'est parce qu'il existe une possibilité raisonnable d'obtenir une déclaration de culpabilité compte tenu d'une pleine appréciation de tous les éléments constitutifs de l'infraction. De nombreux crimes sont assortis d'une norme de faute subjective et il existe des façons reconnues de présenter une preuve suffisante pour convaincre les

tribunaux hors de tout doute raisonnable que la personne prévenue a agi sciemment ou par insouciance. Les tribunaux peuvent inférer qu'une faute subjective a été commise pour ce qui est des accusations pour omission de se conformer à une condition, que la personne prévenue décide ou non de témoigner. Les juges des faits, après examen de l'ensemble de la preuve, peuvent être en mesure de conclure hors de tout doute raisonnable que la personne prévenue avait l'état d'esprit requis pour qu'il y ait déclaration de culpabilité, sur le fondement d'une inférence conforme au bon sens que les personnes « veulent les conséquences naturelles et probables de leurs actes » (R. c. Seymour, [1996] 2 R.C.S. 252, par. 19 et 23 ; Docherty, p. 958 ; Loutitt, par. 18). Comme l'a fait remarquer l'intervenant le procureur général de l'Ontario, l'exigence de la faute subjective n'a pas empêché que des déclarations de culpabilité fondées sur le par. 145(3) soient prononcées en Ontario.

[121] La préoccupation de la Couronne, selon laquelle les personnes prévenues peuvent simplement dire qu'elles ont oublié leurs conditions de mise en liberté sous caution pour échapper à la responsabilité criminelle découlant d'un manquement à ces conditions, est prise en compte parce que les juges [traduction] « agiront sans aucun doute judicieusement dans leur évaluation de l'authenticité des prétentions concernant les oublis des dates de comparution et des conditions de mise en liberté sous caution. Ce n'est pas parce qu'on invoque l'oubli qu'il faut accueillir cette affirmation » (Withworth, par. 14).

[122] En conclusion, comme l'ont accepté l'intimée et le PGCB, [traduction] « [l]e ciel ne nous tombera pas sur la tête si la Couronne doit prouver un élément mental » (Loutitt, par. 17 ; transcription, p. 64 ; m.i. (PGCB), par. 23).

VII. Il y a lieu d'ordonner la tenue d'un nouveau procès

[123] Je suis d'accord avec M. Zora qu'il convient d'ordonner la tenue d'un nouveau procès en raison de l'erreur de droit commise par les tribunaux d'instance inférieure, qui ont appliqué une norme de faute objective plutôt que subjective pour l'infraction prévue au par. 145(3) .

[124] Il ne s'agit pas en l'espèce d'une situation où la disposition réparatrice permet à la Cour de rejeter l'appel en vertu du sous-al. 686(1)b)(iii) parce qu'il n'y a eu « aucun tort important ou aucune erreur judiciaire grave » malgré l'erreur de droit. Il est approprié de recourir à la disposition réparatrice uniquement lorsque « l'erreur est inoffensive ou négligeable » ou que « la preuve est à ce point accablante que, même si l'erreur n'est pas sans importance, les juges des faits concluraient forcément à la culpabilité » (R. c. Sekhon, 2014 CSC 15, [2014] 1 R.C.S. 272, par. 53). La mens rea est un élément essentiel des infractions criminelles et le fait d'arrêter la mauvaise norme de faute ne constitue pas une erreur « inoffensive ou négligeable ». La mens rea subjective aurait obligé le juge du procès à tenir compte de l'état d'esprit de M. Zora, ce qui aurait de toute évidence pu avoir une incidence sur le verdict.

[125] De plus, la preuve n'est pas à ce point accablante qu'une déclaration de culpabilité est inévitable. Comme il s'est concentré sur ce qu'une personne raisonnable aurait fait dans les circonstances, le juge du procès n'a pas eu besoin de tirer des conclusions de fait claires ou des conclusions définitives quant à la crédibilité qui aurait permis à la Cour d'évaluer ou d'inférer la connaissance et l'état d'esprit de M. Zora. Si elles sont établies au procès, les circonstances propres à M. Zora, notamment la question de savoir s'il dormait profondément

en raison de son sevrage de l'héroïne et de son traitement à la méthadone, seraient pertinentes pour déterminer son état d'esprit. Comme il a été expliqué précédemment, l'insouciance requiert la connaissance du risque important et injustifié associé aux circonstances qui mènent à un manquement interdit. Sans une conclusion claire que M. Zora était conscient du risque qu'il pourrait ne pas entendre la police à sa porte, ainsi que d'autres conclusions de fait nécessaires pour établir si le risque était important et injustifié, la Cour ne peut conclure qu'il a fait preuve d'insouciance en ne répondant pas à la porte.

[126] En raison des déclarations négatives du juge du procès concernant la crédibilité des témoins de la défense, un acquittement ne serait pas non plus approprié. Un nouveau procès est nécessaire pour déterminer si M. Zora a omis sciemment ou par insouciance de se conformer à ses conditions.

VIII. Conclusion

[127] Par conséquent, une faute subjective est nécessaire pour qu'il y ait déclaration de culpabilité en vertu du par. 145(3) du Code . Je suis d'avis d'accueillir le pourvoi, d'annuler les déclarations de culpabilité de M. Zora et d'ordonner la tenue d'un nouveau procès sur les deux chefs relatifs à l'omission de répondre à la porte.

Pourvoi accueilli.

ANNEXE 2

Extraits de l'arrêt n°19-80.091, du 28 janvier 2020[202]
(Nous avons mis en caractère gras les paragraphes pertinents)

Cour de cassation
Chambre criminelle
Audience publique du mardi 28 janvier 2020
N° de pourvoi : 19-80091

M. Soulard, président
SCP Delamarre et Jehannin, SCP Didier et Pinet, SCP Waquet, Farge et Hazan, avocat(s)

POLLUTION - Environnement - Juge des libertés et de la détention - Limitation de la pollution - Mesures conservatoires - Faute pénale - Caractérisation - Défaut - Portée
Le prononcé par le juge des libertés et de la détention, lors d'une enquête pénale, à l'encontre des personnes concernées, de **mesures conservatoires sur le fondement de l'article L. 216-13 du code de l'environnement destinées à mettre un terme à une pollution ou à en limiter les effets dans un but de préservation de l'environnement et de sécurité sanitaire**, n'est pas subordonné à la caractérisation d'une faute de la personne concernée de nature à engager sa responsabilité pénale.
[...]

---

[202] https://www.courdecassation.fr/jurisprudence_2/chambre_criminelle_578/3054_28_44331.html; https://www.legifrance.gouv.fr/affichJuriJudi.do?oldAction=rechJuriJudi&idTexte=JURITEXT000041551572&fastReqId=1942264052&fastPos=1

Attendu qu'il ressort de l'arrêt attaqué et des pièces de procédure qu'en juillet 2018 une pollution a été relevée dans le cours d'eau « La Brévenne », à hauteur de la station de traitement et d'épuration des Rossandes à Sainte Foy l'Argentière, dont l'exploitation a été confiée par le syndicat intercommunal des Rossandes (SIVU) à la société Suez Eau France ; qu'une enquête pénale a été diligentée, que les analyses effectuées ont fait apparaître des taux de concentration en nitrites, phosphates et ions ammonium supérieurs aux normes réglementaires fixées par l'arrêté ministériel du 21 juillet 2015 relatif aux systèmes d'assainissement collectif et aux installations d'assainissement non collectif ; que, sur demande de la Fédération départementale du Rhône et de la métropole de Lyon pour la pêche et la protection du milieu aquatique (FDAAPPMA) le procureur de la République a saisi le juge des libertés et de la détention sur le fondement de l'article L. 216-13 du code de l'environnement d'une requête tendant à ce qu'il soit enjoint au SIVU et à la société Suez Eau France de cesser tout rejet dans le milieu aquatique dépassant les seuils fixés par l'arrêté du 21 juillet 2015 précité ; que par ordonnance du 5 septembre 2018, exécutoire par provision, le juge des libertés et de la détention a fait droit, sous astreinte, à la requête pour une durée de six mois, que la société Suez Eau France et le SIVU en ont interjeté appel, qu'à leur demande présentée en application du dernier alinéa de l'article L. 216-13 précité du code de l'environnement, le président de la chambre de l'instruction a, par ordonnance du 10 septembre 2018, suspendu l'exécution de la décision du juge des libertés et de la détention jusqu'à ce qu'il soit statué sur l'appel de celle-ci ; En cet état :

Sur le premier moyen de cassation, pris de la violation des articles 6 § 1 de la Convention européenne des droits de l'homme, L. 216-13 du code de l'environnement et 191 du code de procédure pénale ;

“en ce que M. X..., président de la chambre de l’instruction qui a rendu l’ordonnance du 10 septembre 2018 ayant suspendu le caractère exécutoire par provision de l’ordonnance du juge des libertés et de la détention en date du 5 septembre 2018 qui a ordonné à la société Suez Eau France et au SIVU des Rossandes de cesser tout rejet dans le milieu aquatique dépassant les seuils fixés par l’arrêté du 21 juillet 2015, a présidé la chambre de l’instruction qui, par l’arrêt attaqué, a infirmé l’ordonnance ainsi rendue par le juge des libertés et de la détention ;

“alors que la chambre de l’instruction, appelée à statuer sur l’appel d’une ordonnance du juge des libertés et de la détention ayant prononcé des mesures provisoires sur le fondement de l’alinéa 1 de l’article L. 216-13 du code de l’environnement, est irrégulièrement composée si elle est présidée par le magistrat qui, sur le fondement de l’alinéa 6 du même texte, a rendu l’ordonnance ayant suspendu l’ordonnance du juge des libertés et de la détention jusqu’à ce qu’il soit statué sur l’appel ; qu’en cet état, la composition de la chambre de l’instruction n’était pas régulière” ;

Attendu que le demandeur, qui n’a pas usé de la faculté, offerte par l’article 668 du code de procédure pénale, de demander la récusation du président de la chambre de l’instruction, n’est pas recevable à mettre en cause l’impartialité de ce magistrat à l’occasion d’un pourvoi en cassation ;

Mais sur le second moyen de cassation, pris de la violation des articles L. 216-6 et L. 216-13 du code de l’environnement, 121-3 du code pénal, 591 et 593 du code de procédure pénale, défaut de motifs, manque de base légale ;

"en ce que l'arrêt attaqué a infirmé l'ordonnance du juge des libertés et de la détention qui avait ordonné à la société Suez Eau France et au SIVU des Rossandes de cesser tout rejet dans le milieu aquatique dépassant les seuils fixés par l'arrêté du 21 juillet 2015 ;

"1°) alors que les mesures conservatoires que le juge des libertés et de la détention peut ordonner sur le fondement de l'article L. 216-13 du code de l'environnement s'adressent à toute personne concernée par la pollution des eaux sans qu'importe la question de savoir si la responsabilité pénale de cette personne peut être engagée à raison de cette pollution ; que, dès lors, en se fondant, pour infirmer l'ordonnance du juge des libertés et de la détention qui avait ordonné au SIVU des Rossandes et à la société Suez Eau France, respectivement propriétaire et exploitante de la station d'épuration des Rossandes, de cesser tout rejet dans le milieu aquatique dépassant les seuils fixés par l'arrêté du 21 juillet 2015, sur la circonstance qu'il n'était pas établi que ces personnes morales puissent se voir imputer la responsabilité pénale des rejets non conformes, la chambre de l'instruction a méconnu les textes et le principe ci-dessus mentionnés ;

"2°) alors en tout état de cause que le délit de pollution des eaux prévu et réprimé par l'article L. 216-6 du code de l'environnement est constitué s'il est établi que l'auteur des faits n'a pas accompli les diligences normales compte tenu, le cas échéant, de la nature de ses missions ou de ses fonctions, de ses compétences ainsi que du pouvoir et des moyens dont il disposait ; qu'en retenant, pour infirmer l'ordonnance du juge des libertés et de la détention, que la seule constatation des anomalies relevées quant aux concentrations réglementaires dans le cours d'eau « La Brévenne » , à hauteur de la station de traitement et d'épuration des Rossandes, ne pouvait suffire à caractériser une faute de nature à engager la responsabilité

pénale de la SAS Suez Eau France et/ou du SIVU des Rossandes sans rechercher, ainsi qu'elle y était invitée par le mémoire de la FDAAPPMA, si cette société et ce SIVU avaient, en leur qualité respective d'exploitante et de propriétaire de la station d'épuration, installation classée pour la protection de l'environnement, accompli les diligences normales compte tenu de la nature de leurs missions ou de leurs fonctions, de leurs compétences et des moyens dont ils disposaient, la chambre de l'instruction n'a pas justifié sa décision" ;

Vu l'article L. 216-13 du code de l'environnement ;

Attendu que l'alinéa premier de cet article donne compétence au juge des libertés et de la détention, à la requête du procureur de la République, dans le cadre d'une enquête pénale diligentée pour non-respect des prescriptions imposées au titre des articles L. 181-12, L. 211-2, L. 211-3 et L. 214-1 à L. 214-6 du code de l'environnement, pour ordonner aux personnes concernées toute mesure utile, y compris la suspension ou l'interdiction des opérations menées en infraction à la loi pénale ;
Attendu que, pour infirmer l'ordonnance du juge des libertés et de la détention, l'arrêt relève **qu'il se déduit de l'insertion de l'article L. 216-13 du code de l'environnement dans la sous-section 2 intitulée « sanctions pénales » de la section 2 intitulée « dispositions pénales » du chapitre VI, lequel regroupe les dispositions relatives aux « contrôles et sanctions » du titre du code de l'environnement relatif à l'eau et aux milieux aquatiques et marins que l'intervention du juge des libertés et de la détention est nécessairement subordonnée au constat de l'une des infractions de la sous-section concernée ; Que les juges ajoutent que l'enquête de gendarmerie n'est pas de nature à**

répondre à ces exigences, qu'en effet la seule constatation des anomalies relevées quant aux concentrations réglementaires dans le cours d'eau « La Brévenne » , à hauteur de la station de traitement et d'épuration des Rossandes, ne saurait suffire à caractériser au sens des articles susvisés une faute de nature à engager, à la charge de la société Suez Eau France et/ou du SIVU, leur responsabilité pénale ou l'imputabilité contraventionnelle du non-respect des prescriptions réglementaires, alors, de plus, que l'ensemble des parties s'accordent à imputer la responsabilité de la pollution à l'activité de la société Provol et Lachenal pour des déversements industriels dans le réseau d'assainissement ;

Mais attendu qu'en statuant ainsi, alors que l'article L. 216-13 du code de l'environnement ne subordonne pas à la caractérisation d'une faute de la personne concernée de nature à engager sa responsabilité pénale le prononcé par le juge des libertés et de la détention, lors d'une enquête pénale, de mesures conservatoires destinées à mettre un terme à une pollution ou à en limiter les effets dans un but de préservation de l'environnement et de sécurité sanitaire, la chambre de l'instruction a méconnu le sens et la portée du texte susvisé et le principe ci-dessus rappelé ;

PAR CES MOTIFS, la Cour :

CASSE et ANNULE, en toutes ses dispositions, l'arrêt susvisé de la chambre de l'instruction de la cour d'appel de Lyon, en date du 9 novembre 2018,
Et pour qu'il soit à nouveau statué, conformément à la loi, dans les limites de la cassation ainsi prononcée,

RENVOIE la cause et les parties devant la chambre de l'instruction de Grenoble, à ce désignée par délibération spéciale prise en chambre du conseil ;
Dit n'y avoir lieu à application de l'article 618-1 du code de procédure pénale ;

Président : M. Soulard
Rapporteur : Mme Ingall-Montagnier
Avocat général : M. Desportes, premier avocat général
Avocat(s) : SCP Delamarre et Jehannin - SCP Didier et Pinet - SCP Waquet, Farge et Hazan

Structures éditoriales du groupe L'Harmattan

L'Harmattan Italie
Via degli Artisti, 15
10124 Torino
harmattan.italia@gmail.com

L'Harmattan Hongrie
Kossuth l. u. 14-16.
1053 Budapest
harmattan@harmattan.hu

L'Harmattan Sénégal
10 VDN en face Mermoz
BP 45034 Dakar-Fann
senharmattan@gmail.com

L'Harmattan Cameroun
TSINGA/FECAFOOT
BP 11486 Yaoundé
inkoukam@gmail.com

L'Harmattan Burkina Faso
Achille Somé – tengnule@hotmail.fr

L'Harmattan Guinée
Almamya, rue KA 028 OKB Agency
BP 3470 Conakry
harmattanguinee@yahoo.fr

L'Harmattan RDC
185, avenue Nyangwe
Commune de Lingwala – Kinshasa
matangilamusadila@yahoo.fr

L'Harmattan Congo
67, boulevard Denis-Sassou-N'Guesso
BP 2874 Brazzaville
harmattan.congo@yahoo.fr

L'Harmattan Mali
Sirakoro-Meguetana V31
Bamako
syllaka@yahoo.fr

L'Harmattan Togo
Djidjole – Lomé
Maison Amela
face EPP BATOME
ddamela@aol.com

L'Harmattan Côte d'Ivoire
Résidence Karl – Cité des Arts
Abidjan-Cocody
03 BP 1588 Abidjan
espace_harmattan.ci@hotmail.fr

L'Harmattan Algérie
22, rue Moulay-Mohamed
31000 Oran
info2@harmattan-algerie.com

L'Harmattan Maroc
5, rue Ferrane-Kouicha, Talaâ-Elkbira
Chrableyine, Fès-Médine
30000 Fès
harmattan.maroc@gmail.com

Nos librairies en France

Librairie internationale
16, rue des Écoles – 75005 Paris
librairie.internationale@harmattan.fr
01 40 46 79 11
www.librairieharmattan.com

Librairie l'Espace Harmattan
21 bis, rue des Écoles – 75005 Paris
librairie.espace@harmattan.fr
01 43 29 49 42

Lib. sciences humaines & histoire
21, rue des Écoles – 75005 Paris
librairie.sh@harmattan.fr
01 46 34 13 71
www.librairieharmattansh.com

Lib. Méditerranée & Moyen-Orient
7, rue des Carmes – 75005 Paris
librairie.mediterranee@harmattan.fr
01 43 29 71 15

Librairie Le Lucernaire
53, rue Notre-Dame-des-Champs – 75006 Paris
librairie@lucernaire.fr
01 42 22 67 13

www.ingramcontent.com/pod-product-compliance
Lightning Source LLC
LaVergne TN
LVHW021217061026
849535LV00008B/2783
9782343211404